にっぽんの果実食

前菜からデザートまで、季節を彩るレシピと食べ方

沙和花

日本では、春夏秋冬、その季節ならではの果実が生《な》ります。春から夏にかけて最盛期を迎えるベリー類。立夏を迎えますと、桃やスイカ。最近では、トロピカルフルーツの栽培も盛んです。立秋の辺りからぶどうやイチジク、梨や甘い柿も。冬から春にかけては、たくさんの種類の柑橘類が実ります。果実は、季節の便りですね。

果実と人間の関わりは古く、旧約聖書「創世記」にも記載があるようです。果実が有るところに人が集まり、集落を作ったのでしょう。身近にあったからこそ、果実にまつわるユニークな言葉、人生の指針となるような言葉もたくさん生まれました。

デザートとして食べてきた果実を、調理して食事に加えることに抵抗のある方もいらっしゃると存じます。生活様式が変化している今、気軽に生食できる果実を、野菜をいただくのと同じように食すことで、栄養もより満たされ、身体が整います。

果実のレシピと、季節を繊細に受け継いできた日本人の感覚や伝統文化を、併せてご紹介します。皆さまの日々の暮らしに、少しでもお役に立てましたら幸いでございます。

もくじ

春 ― 8

苺
美味しい苺の見分け方 ― 12
苺と春菊と味噌納豆のサラダ
手軽に栄養を摂る ― 14
苺のスープ
イサキのグリル 苺ソース
淡雪 ― 16
淡雪苺
牛焼き肉 淡雪苺を添えて
共生 ― 18
果実の発酵ドレッシング ― 20
オレンジとにんじん
ベリー
りんごと新玉ねぎ
梨と春菊

杏
寄せ ― 22
杏と海老とトマトのとろみ寒天寄せ
余すところなくいただく ― 24

柑橘
鰹《カツオ》 ― 26
初鰹と伊予柑の和ハーブカルパッチョ
押し型 ― 28
八朔とサーモンの重ね包みサラダ
【春のお手軽小皿】 ― 30
タコと柑橘和え
苺とサーモンと甘酒和え
オレンジとレモンのベーコン巻き
柑橘と大根と三つ葉和え
キウイとサラミと紫キャベツの酢和え

キウイ
【通年果実】キウイ ― 32
キウイ生春巻き　シーフードとミート二種
サーロインステーキとキウイとクレソンのサラダ
季節を全力で楽しむ精神性 ― 34

夏 ― 36

梅
南高梅 ― 40
南高梅の青梅蜜煮
完熟梅とハーブのはちみつ漬け
白梅
梅フローズン
梅はちみつドリンク
白梅キュウリ
梅の百変化 ― 42
パリパリむね鶏 青梅ソース

メロン
メロンと和ハーブ ― 44
メロンとキュウリの和ハーブのサラダ

枇杷
枇杷《びわ》の木 ― 46
枇杷とホタテと青菜の盛り合わせ

桃

桃の誉《ほま》れ — 48
- 驚き桃の木山椒の木 — 50
  - ほうれん草のやわらかソテー桃のせ
- デザートを総菜に変身させる方法 — 52
  - 桃とクリームチーズ

パイナップル

高度な手仕事 — 54
- トンステーキと焼きパイナップル
- 実山椒の塩漬け

さくらんぼ

美味しくいただけるということ — 56
- 山芋の短冊とチェリー　チェリードレッシング

果実のサワー漬け — 58
- 発酵柑橘サワー
- 発酵アップルジンジャーサワー

果実酒 — 59
- 枇杷酒
- さくらんぼ酒

マンゴー

昨今のトロピカルフルーツ栽培 — 60
- トロピカルイカそうめん
- マンゴーと蟹のモズク酢

すだち

かぼす・青柚子・すだち — 62
- すだち素麺

スイカ

変わりつつある夏の風物詩 — 64
- スイカの冷や汁

食事としての果実 — 66
- スイカと果実の肉巻きナッツがけ
- スイカの皮の漬物

果実のぬか漬け — 68

【夏のお手軽小皿】 — 70
- メロンのオリーブのせ
- スイカのブルーチーズミント和え
- パッションフルーツのトマトバジルサラダ
- じゃばらキュウリとブルーベリー黄身酢味噌
- ドラゴンフルーツ生ハム巻き

ブルーベリー

【通年果実】ブルーベリー — 72
- ブルーベリーと玉ねぎとセロリのソテー
- ブルーベリーとサーモンの巻き寿司

実 — 74

秋 — 76

ぶどう

ぶどうと菊花 — 80
- 菊花とぶどうの甘酢和え

山葡萄 — 82
- 鶏レバーのパテテリーヌ風　ぶどうソースで

秋の実り — 84
- ぶどうと秋の果実　ヨーグルトサラダ

柿

秋の彩り — 86
- 柿の白和え

もくじ

【伝統的保存食】干し柿 88
干し柿と黒豆のかき揚げ丼

身近なものからの教え 90

梨

夏の終わりから秋へ、秋から冬へ 92
梨と守口漬け和え
梨と湯葉の和え物

自然の糖分 94
牛焼き肉　梨味噌だれ
梨サラダ

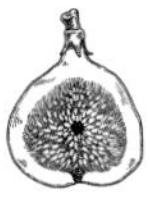

いちじく

無花果《いちじく》 96
茹で鶏といちじくの　黄身酢味噌

身近にある自然の色 98
いちじくと揚げ焼き茄子

ざくろ

吉祥菓《きちじょうか》 100
ラムチョップのグリル ざくろとバルサミコのソース

果実のコンポート 102
ぶどうのコンポート
温州みかんのコンポート

果実の葛煮と蜜煮 103
りんごの葛煮
金柑の蜜煮

栗

丹波の栗畑 104
栗のポタージュスープ
渋皮栗の素揚げ

栗にちなんだ慣用句とことわざ 106
栗ときのこのクリーム焼き

【秋のお手軽小皿】 108
柿のおろし和え
いちじくにごまクリーム
秋果実の黄な粉がけ
うさぎとぶどう
ざくろなます

バナナ

【通年果実】バナナ 110
塩レモン焼きバナナ パルジャミーノ・レッジャーノたっぷり
南国バナナカレー

豊潤な世界 112

冬 114

りんご

りんごいろいろ 118
りんごと豚バラのミルフィーユ

果実の歌♪ 120
鶏もも甘辛焼き丼　りんごソース

みかん

みかんの歴史 122
みかん色のサラダ

柚子

柚子も、お薬 124
ひとり柚子鍋

果実の調味料 126
柿ポン酢
ぶどうソース
キウイソース
りんごソース

寒空の工夫 ―― 128

金柑

福々しい名前 ―― 130
金柑とイカのハーブ和え
餡かけ ―― 132
白身魚と蓮根のフリット 金柑餡
果実の乾物 ―― 134
甘さ控えめ柑橘ピール
セミドライフルーツ
ドライフルーツ緑茶

【冬のお手軽小皿】 ―― 136
りんごと柿と白菜の浅漬
柚子大根
漬け果実のプロシュート巻き
金柑とかぶ和え
小松菜とひじきとクランベリーの和え物

レモン

【通年果実】レモン ―― 138
海老とブロッコリーとレモンのにんにく炒め
塩レモン漁師鍋
冬の過ごし方 ―― 140
果実のすすめ ―― 142

本書の表記について

計量の単位　1カップは200㎖、1ℓはカップ5。大さじは15㎖、小さじは5㎖。

材量表記　2人分、4人分は出来上がりのおおよその分量です。

白だしポン酢　みりん…大さじ2　水…カップ1/2　米酢…大さじ3　白だし…大さじ2　塩…小さじ1/2　みりんと水を鍋に入れ、20秒沸々とさせてアルコールを飛ばし、火を切る。酢、白だし、塩を加えて溶かす。

打ち粉　麺やパンなどをつくる時、手や調理器具にくっつかないように使います。ほかに、揚げ物の衣をはがれにくくしたり、素材をつけるノリとして使うことも「打ち粉をする」といいます。用途に応じた粉を薄くつけます。

濃口しょうゆ　一般的なしょうゆ。香りも旨みも強いのが特徴で、臭み消しにも使えます。私は小豆島の「正金天然醸造しょうゆ」の濃口と淡口を使用しています。

淡口しょうゆ　関西方面でよく使われます。濃口しょうゆより色は七割薄く、塩分は一割高めですが、素材の味を生かした優しい仕上がりになります。

白だししょうゆ　だしに白しょうゆ、糖などを合わせた白しょうゆの加工品。安価なものほど添加物が多い傾向があるので、商品表示をよく確認して購入した方がよいでしょう。本書ではかつお節、干ししいたけ、水飴などと有機しょうゆを使った七福醸造の「特選料亭白だし」を使用しています。茹でた野菜などの下味つけなどにほんの少し使うと、味の奥行が出てひと味違ってきます。

みりん　本みりんを指します。本みりんは、独特の甘味やコクがあり、料理に使うと味に奥行が出るほか、「照り」や「艶」が出ます。商品によりそれぞれアルコール度数が異なりますので、注意が必要です。透明感の甘味が欲しい時は「八海山の糀の蜜」、普段の甘味用に「マンジョウ本みりん」「九重本みりん」を使用しています。「みりん風調味料」は、みりんの代用品。

酒　料理酒には塩分が含まれていますので、清酒を使います。私は手頃な「鬼ころし」を使用しています。

塩　素材の旨みや甘味を引き立ててくれるフランスの「ゲランド塩」を使用しています。日本の塩でしたら、「能登の浜塩」「海人の藻塩」もお勧めです。

油　菜種、べに花、ごま、えごま、亜麻仁、オリーブなどを圧搾したものがお勧めです。材料にこだわったサラダ油も良いでしょう。私は、揚げ油には熱に強い「ごま油」「オリーブオイル」「べに花油」を、サラダなどにそのまま使う場合には「亜麻仁油」、「エクストラバージン（EV）オリーブオイル」「太白ごま油」など、使い分けています。

砂糖　身体に優しい「きび糖」や「てんさい糖」、用途に応じてクセの少ない「グラニュー糖」や、透明感のある「氷砂糖」、コクを出したい時には「ザラメ糖」や「黒糖」と、使い分けています。

【残留農薬を除去する方法について】
防カビ剤、残留農薬、フルーツワックス対策に、調理前に素材をよく洗うことをお勧めします。アルコール消毒液や、食用重曹、ホタテパウダーなどがお勧めです。使用すると残留農薬の妙な苦味が少なくなります。確実な効果はよくわかっておりませんので、ご自身で様子をみながら試してください。（販売されている果実や野菜は、残留農薬の摂取安全基準をクリアした商品です。）

洗い方：アルコール消毒液を吹きかけ、手で優しく馴染ませる。もしくは、大きなボウルに水を張り、食用重曹などを適量溶かす。その中に果実を入れ、手で優しく丁寧に洗う。

アルコール消毒液
（ドーバーパストリーゼ77）

春

Spring

春和景明《しゅんわけいめい》

春の穏やかで、明るい陽気に
万物はいざなわれる

美味しい
苺の見分け方

苺にある痩果（そうか・つぶつぶの部分）は、一粒に170〜300個もあり、これこそが苺の果実です。可食部分の赤い部位は、花托《かたく》が大きく膨らんだものです。

苺はヘタの付根まで赤くなれば完熟と一般的には思われていますが、つぶつぶが、白っぽい色から赤く色づいてきたら完熟に近いということです。つぶつぶの赤みが濃いものを選びましょう。

苺

苺と春菊と味噌納豆のサラダ

【2人分】

苺…1パック
サラダ春菊…1束
味噌納豆…適量（豆鼓《トウチ》や、岩塩でもよい）
EVオリーブオイル…適量

1 苺はヘタを取り、水を張ったボウルに入れ、優しく洗い、縦に4等分に切る。同様に、サラダ春菊も洗い、食べやすい大きさに手でちぎり、水気を切る（洗い方P7参照）。

2 1を器によそい、粗く切った味噌納豆をパラリとふり、オイルをまわしかける。

＊味噌納豆とは、味噌醸造途中の発酵した豆を乾燥させたもので、大徳寺納豆、浜納豆などの商品名でも販売されています。味噌蔵などで手に入ります。癖があるので、量を調整してください。ほんの一塩程度の加減にしましょう。

苺

手軽に栄養を摂る

果実は、そのまま食べられるものがほとんどですので、お料理として使う場合には、調理が簡単で済むということが大きなポイントでしょう。

疲労回復効果のあるラッキョウをポン酢と合わせ、ベリーを混ぜ合わせるだけですが、コクが加わり滋味あふれるソースになりました。オーガニックの冷凍ベリーミックスを使えば、お手軽で経済的で、年中楽しめます。魚以外に、お肉にも合いますよ。

苺のスープ 【2人分】

苺…150g
A 赤ワイン…カップ1/2
　砂糖…30g
レモン絞り汁…大さじ1

1 苺はヘタを取り洗う。(洗い方P7参照)
2 鍋にAを入れ、沸騰させてアルコールを飛ばす。
3 全ての材料を合わせてブレンダーもしくはミキサーにかける。冷蔵庫で冷やし、器によそう。

苺ソースの作り方【100mℓ分】

苺(小)…10粒
甘ラッキョウ…2粒
ポン酢…大さじ2

苺は6等分に切り、甘ラッキョウは粗めのみじん切りにする。ポン酢を加えて混ぜ合わせる。

イサキのグリル 苺ソース 【2人分】

イサキ切り身…2枚(1枚辺り80〜120g)
塩…3つまみ
ズッキーニ…適量
玉ねぎ…適量
サラダ油…適量
苺ソース…適量
ブルーベリー…10粒

1 イサキは骨を取り、皮面に塩を少量ふって15分ほどおく。出てきた水気は拭きとる。
2 ズッキーニと玉ねぎは、共に5㎜の輪切りにする。
3 フライパンに油(分量外)を引き、2を中火で火入れし、別皿によけておく。そのままのフライパンに、イサキの皮面を下にしてカリッとするまで中火で8分じっくりと焼く。ひっくり返し、もう片面はサッと火入れする。
*焼きはじめは身が反るので、落ち着くまで手で押さえる。焼きすぎると身が固くなるので注意。
4 器に3をよそい、苺ソースをかけ、ブルーベリーとディル(分量外)をあしらう。

苺

淡雪

はかなさの象徴として使われる「淡雪(あわゆき)」。淡雪とは、降ったあとは積もらずに消えてしまう雪のことで、春の季語です。暦の上で春になったとはいえ、まだ冷える空から、花にまがえた雪が散り、溶けて無くなる…早春の美しい情景を想像しますと、気持ちまで洗われるようです。

和菓子に付けられた銘は、季節に由来する美しいものが数多くあります。「淡雪」も同様に琴線に触れる菓子銘のひとつでしょう。

甘さ控えめ、少し塩味を効かせた淡雪を、溶けてしまうほど柔らかいお肉と一緒に食べるのも面白いですよ。

淡雪苺 【9切れ分】

苺…中18粒
水…カップ1
白ワイン…カップ1/4
粉寒天…小さじ1強(4g)
卵白…1個分
グラニュー糖…20g
(菓子として甘くする場合は、30g)
岩塩…ひとつまみ

1 苺はヘタを取り洗い、水気を拭き、縦半分に切る。水で濡らした流し缶(写真a)の側面に並べる。
2 鍋に、水と白ワインを入れ、粉寒天を振り入れ溶かす。混ぜながら中火にかけ、沸騰させてしっかり溶かし、アルコールを飛ばす。粗熱を取る。
3 ボウルに卵白とグラニュー糖を入れて、角が立つまで泡立てる。泡立てながら、2を少しずつ加える。
4 1の流し缶に3を流し入れ、冷蔵庫で1時間ほど冷やし固める。器に盛り、岩塩をふる。

牛焼き肉 淡雪苺を添えて 【2人分】

牛ロース…薄切り2枚
塩糀…小さじ1/2
牛脂…適量
にんにく…1片
淡雪苺(甘味ひかえめ)…適量
塩こしょう…適量

1 牛肉に塩糀を薄く全体に塗り、5分ほど馴染ませる。フライパンを加熱し、牛脂を溶かし、にんにくを加え、強めの中火でサッと焼く。
2 器によそい、ベビーリーフ(分量外)と淡雪苺を添える。塩こしょうをふる。

*淡雪苺は、別容器で作ったものを使用。

a
流し缶：152×138×H45mm

共生

春季。太陽は明るさを増し、風はあたたかい空気を運んできます。花開き、芳香漂う自然の見事な造形美が広がります。

地域により前後する場合もありますが、「梅は百花の魁《さきがけ》」ということわざにもあるように、京の都では、木の中で最も早く開花する梅の花を、尊い花と親しんできました。木のまわりには、開花し始める頃から、清らかな空気感が満ちてきます。花の美しさに多くの人が癒され、こぼれる（花びらを落とす）姿の美しさにも圧倒されます。多くの人に共通するであろう理想的な死生観を表すような梅の花です。

実は梅干しや梅酒に加工されるなど、古来より生活に深く寄り添ってきた花木でもあります。

日本人は、梅の名を自分の御道具などの銘にも使ってきました。また、梅にあやかって、梅の仲間ではありませんのに、梅のつく植物もあります。「蠟梅・ロウバイ（ロウバイ科）」、「黄梅・オウバイ（モクセイ科）」「壇香梅・ダンコウバイ（クスノキ科）」など。人間の欲目で少しでもよかれと名前が付けられているところに、どの花も可愛らしく、愛されてきたことがわかります。

春から初夏にかけて、桃や梨、りんごの木にも、清らかで美しい花がたくさん咲きます。果樹園では、実がより多くなるように受粉が行われます。そして、葉に日光があたり、作り出した養分を貯え、大きな実へと成長していきます。桃やりんごの実ひとつを成長させるのに、光合成をする葉が二十枚ほど必要なのだとか。果実に光が当たるように葉の数も手入れします。自然と作り手の技術、それらが絶妙なバランスを得て、より美味しい果実へと育つのです。植物と人が共生するとは、素敵なことですね。

果実の発酵ドレッシング

甘味と酸味のある果実を、食べるようにたくさん入れ、塩糀のまろやかな旨味と合わせると、ビタミンと酵素がたっぷりの芳醇なドレッシングができあがります。肉、魚料理のソースとしても美味しくいただけます。

オレンジとにんじん

【約200mℓ分】
オレンジ果肉…150g
にんじん…50g
玉ねぎ…10g
オイル…大さじ2
米酢…大さじ1
砂糖…小さじ1
塩糀…小さじ1
※塩糀を天然塩で代用する場合は、約1/2の量に調整してください。

1 オレンジは皮をむき、果肉を取り出す（P22参照）。にんじんと玉ねぎは、すりおろす。
2 全ての材料を合わせ、ブレンダー（ミキサーでも可）にかける。

ベリー

【約200mℓ分】
冷凍ベリーミックス…150g
玉ねぎ…10g
オイル…大さじ2
米酢…大さじ1
砂糖…小さじ1
塩糀…小さじ1
※塩糀を天然塩で代用する場合は、約1/2の量に調整してください。

1 玉ねぎは粗いみじん切りにし、全ての材料を合わせ、ブレンダー（ミキサーでも可）にかける。

りんごと新玉ねぎ

【約200mℓ分】

りんご…150g

新玉ねぎ…30g

A オイル…大さじ2

　米酢…大さじ1

　砂糖…小さじ1

　塩糀…小さじ1

※塩糀を天然塩で代用する場合は、約1/2の量に調整してください。

1 りんごは、皮をむき、芯を取り除く。

2 Aをボウルに入れ、その中にりんごと新玉ねぎをすりおろし、ブレンダー（ミキサーでも可）にかける。

＊りんごの酸化防止のため、早々に酢につけるとよい。

梨と春菊

【約200mℓ分】

梨…150g

春菊…50g

玉ねぎ…10g

A オイル…大さじ2

　米酢…大さじ1

　砂糖…小さじ1

　塩糀…小さじ1

※塩糀を天然塩で代用する場合は、約1/2の量に調整してください。

1 梨は、皮をむき、芯を取り除く。

2 Aをボウルに入れ、その中に梨と玉ねぎをすりおろす。

＊梨の酸化防止のため、早々に酢につけるとよい。

3 春菊は、熱湯で3秒ほど茹でて冷ます。水気をしぼり、粗くみじん切りにする。

＊新鮮な春菊であれば、生のままで大丈夫。

4 全ての材料を合わせ、ブレンダー（ミキサーでも可）にかける。

寄せ

寒天や葛、ゼリーで材料を固めたものを、寒天寄せ、葛寄せ、ゼリー寄せと云います。ひと手間かけられた特別感がありますので、おもてなしや、お持たせにも重宝するでしょう。

今回はゆるく固めたとろみスープのような「寄せ」をご提案します。

杏

杏と海老とトマトのとろみ寒天寄せ【2人分】

杏（生食用もしくはシロップ漬け）… 4粒
海老殻付き … 中8尾
A 水 … カップ1 3/4
　塩 … 小さじ1/2
　酒 … カップ1/4
　サラダ油 … 小さじ1
　ローリエ … 1枚
ミニトマト … 8個
B 白だししょうゆ … 小さじ2
　酒 … 小さじ2
　みりん … 小さじ2
粉寒天 … 1g
＊なんとか固まるギリギリの分量です。羊羹のように固めたい場合には、粉寒天を2gにしてください。

1 杏は半分に切り、種を取り除く（シロップ漬けの場合は、水気を切っておく）。

2 海老は、背中の真ん中辺りの殻の隙間に竹串を刺し、背ワタをゆっくり抜き取る。酒少々（分量外）に馴染ませて臭みを抜く。
＊海老はゆで汁にも使うので、鮮度の良いものが臭みが出ないのでお勧めです。

3 Aを鍋に入れて沸かし、沸騰したら殻付きのまま海老を入れ、弱火にして1分茹で、ザルにあげる（ゆで汁はローリエを取り除き、そのまま取っておく）。殻と尾を取り除く。

4 Bに粉寒天をパラパラと振り入れ、混ぜ合わせ、粗熱の取れた3のゆで汁に加える。中火にかけ、混ぜながら沸騰させて溶かし、大きめの容器に入れる。

5 4に1 3、半分に切ったミニトマトを加え、冷蔵庫で1時間冷やし固める。全体を軽く混ぜ合わせるように崩して器によそう。

余すところなくいただく

柑橘

普段は食べない外果皮や、その内側の白い部分を、少し食べてみてください。案外と生のまま食べられるものもあります。苦味やえぐ味がある場合は、水にさらしたり、水分と甘みを加えて20分ほど煮るなど、手間暇はかかりますが、ほぼ全てが美味しくいただけます。

そのまま食べればデザートになりますが、オイルを垂らしたり、こしょうや塩味を加えれば、火を使うことなくお惣菜にもなります。

例えば、柑橘（河内晩柑・宇和ゴールド）の皮をむき、アルベド（白い部分）を残し、一口大の薄めの乱切りにして、オリーブオイルと岩塩をひとつまみかけるだけ。

シンプル過ぎる料理ですが、とにかく簡単に栄養が摂れ、フードロスにも貢献しています。

柑橘は、外果皮やアルベドの味見をして、苦味が無い美味しいものを見つけましょう。果実ならば、栄養を摂取するのも簡単です。

柑橘類のさばき方

a ヘタと底を包丁で切り落とす。

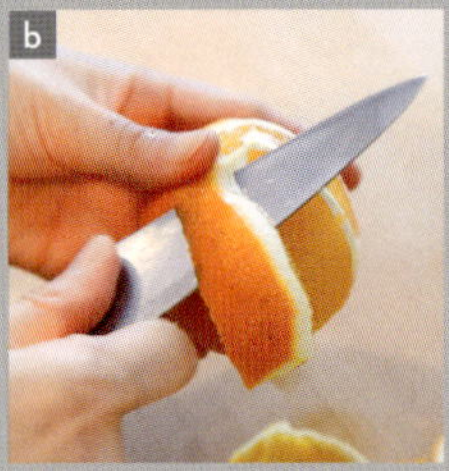

b 柑橘の形に沿って上から下に包丁を入れて、外果皮をむく。

c 薄皮を避けて、包丁を入れ、果肉をひと房ずつ切り離す。

d 2等分にした後、さらに4～5等分にする切り方。

鰹《カツオ》

鰹は、鰹節やシーチキンに加工するなど、私たちに馴染み深い食材で、日本近海で漁獲されています。旬は春と秋、年に2回あります。春は、身が引き締まり淡泊な「初鰹」。秋は、脂が乗りこってりとした「戻り鰹」と、季節により味の変化を楽しむことができます。

青魚の鰹は、臭いが出やすいので、しょうがや、にんにくと、しょうゆを合わせていただくのが定番ですが、新鮮な鰹でしたら、春の柑橘と合わせても美味しいですよ。

柑橘

初鰹と伊予柑の和ハーブカルパッチョ

【2人分】

カツオ刺身…150g
伊予柑…1個（好みの柑橘で）
みょうが…1本
大葉…3枚
にんにくチップ…適量
EVオリーブオイル…大さじ2

1 カツオ刺身は、5㎜厚に切る。
2 柑橘は皮をむき、果肉を取り出す（P24参照）。
3 みょうがは、根本を切り落とし、細い小口切りにし、大葉は細いせん切りにし、共に水にサッとさらす。手でギュッと握り水気を絞る。
4 器に1 2を交互に並べ、3と、にんにくチップを添え、オリーブオイルを回しかける。

にんにくチップの作り方
にんにくは皮をむき、2ミリ厚に薄切りし、低温の油でじっくり揚げ、塩をふる。

柑橘

押し型

「押し型」で寿司を作る文化は、室町時代が起源とされ、伝承されてきました。浅い木箱に寿司を詰めたものでお祝いをしたことから始まったようです。型にすし飯を詰めて押した寿司は簡単に形になり、手でつまんで気軽に楽しむことができますので、昔から重宝したのでしょう。

押し寿司で使う型を使い、少し気取ってサラダにしましたら、お持たせにもできそうな一品になりました。型がない場合は、お皿の上でざっくりと重ねて楽しんでみてください。

八朔《はっさく》とサーモンの重ね包みサラダ

【5切れ分】

八朔…1個（好みの柑橘で）
スモークサーモン…80g
レタス…3〜4枚
生こしょう塩漬け…小さじ1弱
EVオリーブオイル…大さじ2
＊押し型サイズ（内寸）5.7×18×3cm

1 八朔は皮をむき、果肉を取り出す（P24参照）。
2 レタスは、熱湯で3秒茹で、冷水で色止めをする。手でギュッとにぎり、水気を絞る。
3 押し型より、はみ出すようにレタスを敷きつめる。その中に、スモークサーモン、生こしょう塩漬け、八朔を敷き詰める。型からはみ出したレタスで蓋をするように包む。
4 押し型の蓋をのせ、ギュッと押す（写真a）。そのまま輪ゴムなどで固定し、冷蔵庫で30分ほど寝かせる。
5 型の切り込み口に包丁を入れ、6等分に切り（写真b）、器に並べる。オリーブオイルを回しかけ、岩塩をふる。
＊押し型が無い場合には、長方形の容器に、ラップを敷き、同じ要領で作ってください。

押し型の切り込み口を下へ向け、材料を詰め、押し固める。

天地を返し、型に沿って切り分ける。

春のお手軽小皿

果実は、摂取したい栄養をたくさん含んでいますが、身体を冷やしてしまうことがあります。春は冷える日もありますので、日中に食べる、温かい料理や飲物と一緒に食べるなど、時間帯や食べ合わせに配慮することで、身体はより元気になれるでしょう。

タコと柑橘和え

【2人分】

タコ…80g

不知火《しらぬい》…1/2個

（好みの柑橘で）

生こしょう塩漬け

…10粒

1 タコは一口大の薄めの乱切りにする。

2 柑橘は皮をむき、果肉を取り出して（P22参照）一口大にちぎる。

3 器に1 2を合わせてよそい、生こしょう塩漬けを散らす。

苺とサーモンと甘酒和え

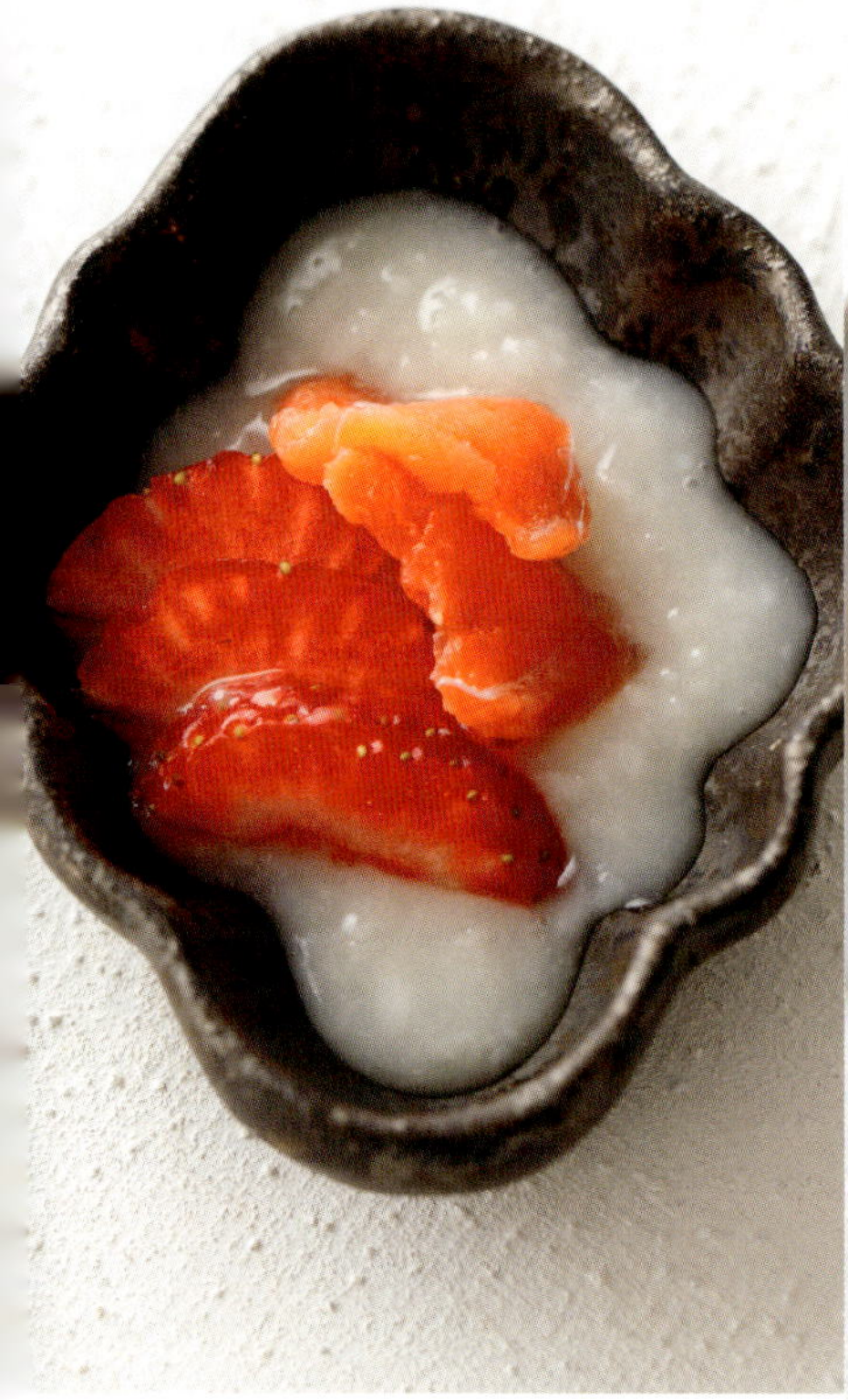

【2人分】

苺…中2粒

サーモン刺身…50g

甘酒（甘糀）…適量

1 苺とサーモンは薄切りにする。

2 器に甘酒を注ぎ、1をよそう。

＊新鮮なサーモンを選ぶこと。臭みがある場合には、レモン果汁（分量外）に絡める。

オレンジとレモンのベーコン巻き

【2人分】

オレンジ… 適量
レモン… 適量
（P58記載の酢に漬けた果実使用、好みの柑橘で）
ベーコン… 適量

1 柑橘は、フレッシュ、酢漬け、蜜煮など苦味の少ないものを選び、一口大に切る。
2 ベーコンで巻き、油少々を引いたフライパンで、弱めの中火で焼く。

柑橘と大根と三つ葉和え

【2人分】

せとか… 1/2個
（好みの柑橘で）
大根… 30g
サラダ三つ葉… 1/4束
スライスアーモンド
… 大さじ1
EVオリーブオイル
… 大さじ1
岩塩… 少々

1 柑橘は果肉を取り出す。サラダ三つ葉は3cmに切り、大根は細いせん切りにし、水にさらしてシャキッとさせ水気を切る。
2 1を和えて器に盛り、フライパンで煎って香りを立たせたアーモンドをあしらう。
3 オリーブオイルをまわしかけ、好みで岩塩を少しふる。（P18、19のドレッシングをかけても美味しい）

キウイとサラミと紫キャベツの酢和え

【2人分】

キウイ… 1/2個
サラミ… 4枚
A 紫キャベツ… 300g
塩… 小さじ1/2
B サラダ油… 大さじ3
ワインビネガー
… 小さじ4
砂糖… 小さじ1

1 Aを合わせ、15分おき、水気を絞る。ビニール袋にAとBを合わせ、もみ込んで馴染ませる。
2 キウイは皮をむき、縦に4等分のくし切りにする。サラミは薄く輪切りにする。
3 器にサラミとキウイを盛り、最後に1をのせる。

【通年果実】

キウイ

キウイ生春巻き
シーフードとミート二種

【2人分】

キウイ…1/2個
ライスペーパー…2枚
A マグロ…50g
サラダ水菜…ひとつかみ
しょうゆ…少々
B 牛切り落とし肉…50g
にんにく…1片
塩糀…少々
フリルレタス…1枚
キウイのソース（P124参照）…適量

1 マグロは1cm角の細長い短冊に切り、しょうゆに絡める。水菜は5cmに切る。

2 牛切り落とし肉に塩糀を5分馴染ませ、油を引いたフライパンで、にんにくを加えて中火で焼く。フリルレタスは5cmにちぎる。

3 ライスペーパーをサッと水にくぐらせ、クッキングシートの上に広げる。手前部分を3cm折り返す。3mm厚にスライスしたキウイを中央に置き、1 2をそれぞれにのせて巻き、半分に切る。キウイのタレを添える。

＊生春巻きは、くっつきやすいので、器に盛り合わせる際に注意。

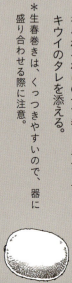

サーロインステーキとキウイとクレソンのサラダ

【2人分】

牛サーロイン肉（ステーキ用）… 1枚
キウイ … 1個
クレソン … 1〜2束
塩こしょう … 少々
EVオリーブオイル … 適量
岩塩 … 適量

1 キウイは皮をむき、食べやすい大きさに切る。クレソンは綺麗に洗う。

2 フライパンに油を引き、塩こしょうしたサーロインステーキを強めの中火で焼き、焦げ目がついたら返して裏面も焼く。2〜3㎝幅の食べやすい大きさに切る。

3 器にクレソンを盛り、サーロインステーキとキウイを散らすように盛る。オリーブオイルをまわしかけ、岩塩をふる。

季節を全力で楽しむ精神性

どの国にも、食やファッションなどの衣食住を楽しむ文化がありますが、日本人の楽しみ方は、他に類を見ないほど季節の変化を繊細に受け止め、暮らしの中で楽しみ、表現していると思います。その感性は、日本の豊かな自然が育んだのでしょう。

日本の季節は10日ほどで移り変わっていきますので、咲く花や食べ物もそれに合わせて変わっていきます。豊かな水、豊かな山、豊かな海のある日本では、その季節の恩恵が美味しく美しく楽しいので、さまざまな文化に発展しました。

豊かな水辺に花が咲き、華道や茶道が発展し、使う御道具や、調度品、季節の着物など、さまざまな工芸品も発展しました。春には春の絵柄や色を取り入れるなど、その時々の季節に合わせた変化を楽しみます。よく見ますと、春の絵柄の裏側には真反対の秋の絵柄が描かれていたりします。それは、真反対にあるものも同時に気持ちを寄せて楽しむという風流であり、手仕事も極めて丁寧です。

そして、ワビサビの美意識や、〇〇道というものが確立し伝承される中で、人としての礼儀作法や生き方までも学び、丁寧に謙虚に生きることを美徳とする精神性も培われました。

＜使用花材＞
バラ
小坊主弟切（コボウズオトギリ・ヒペリカム）
マトリカリア
なずな
ユーカリ
ブルーファンタジア
ジャスミン

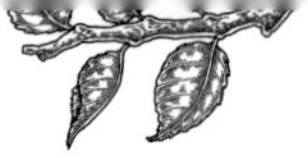

夏

Summer

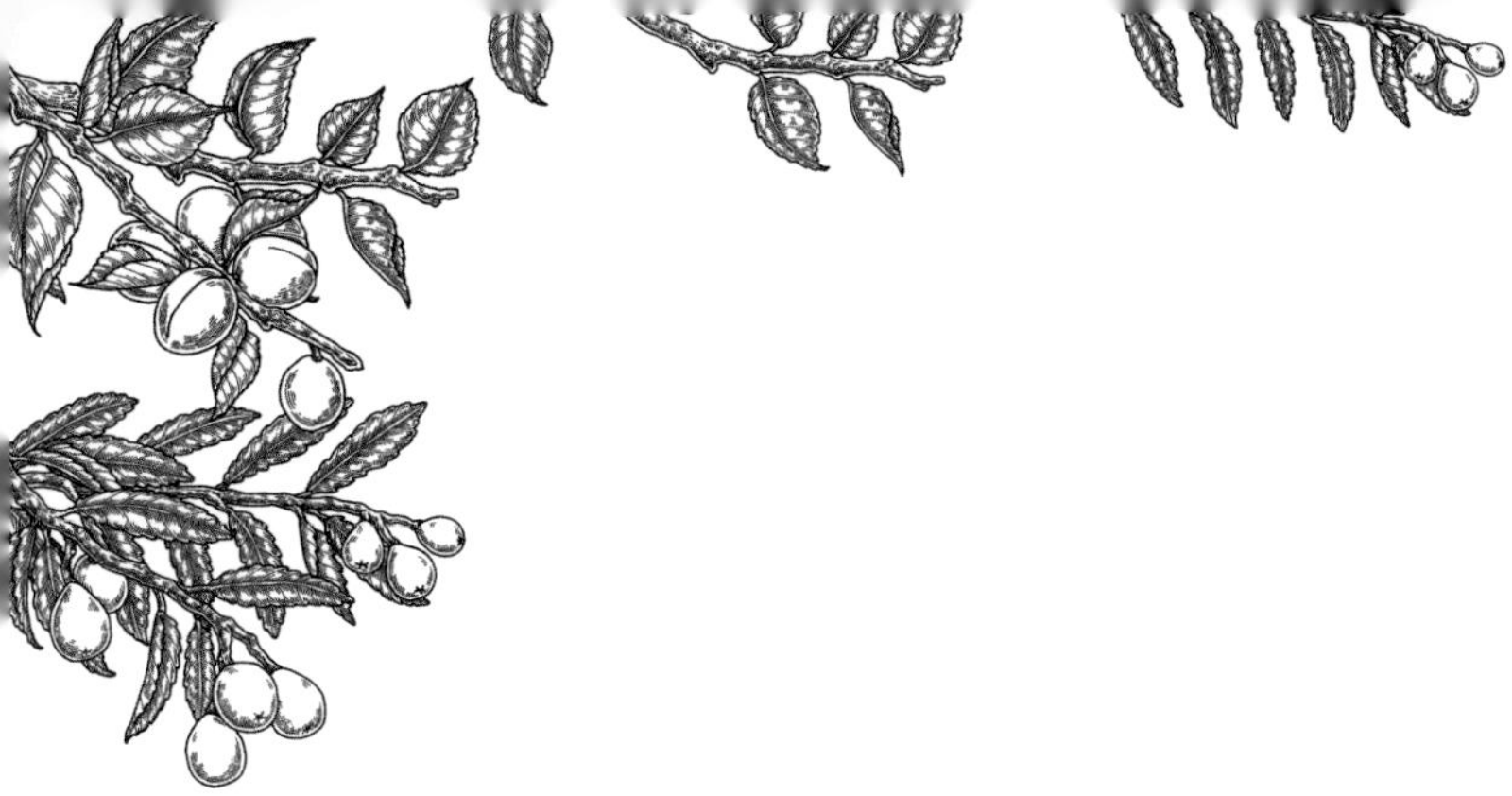

紫幹翠葉《しかんすいよう》
新緑《しんりょく》
梅雨の紫陽花青《あじさいのあお》
壮快な青碧《せいへき》

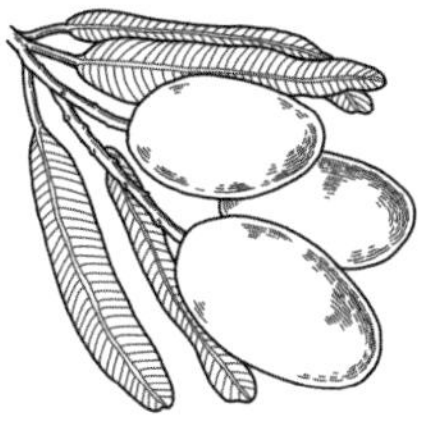

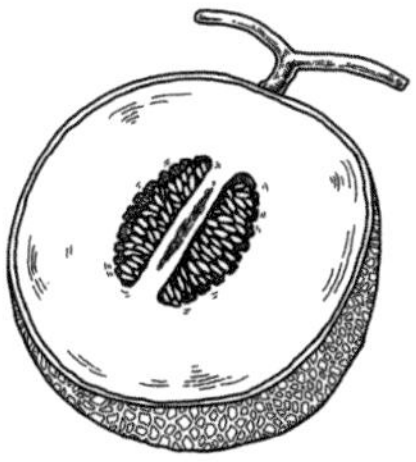

梅

a

南高梅の青梅蜜煮【2人分】

南高梅の青梅…1kg
グラニュー糖…800g

1 梅は綺麗に洗い、竹串でヘタを取り、水気を拭く。全体に竹串で穴をあける（皮の破裂防止）。

2 鍋に1とヒタヒタの水とグラニュー糖2/3を入れ、クッキングシートで落とし蓋をし、ごく弱火でゆっくり加熱する。65〜70度になったら、温度を保ったまま10分加熱し、残りのグラニュー糖を加え、さらに10分ごく弱火で加熱し、そのまま冷ます。70度以上になると皮が破れるので気をつける。

3 清潔な容器に移し替え、味が馴染むまで3日ほどおく。

b

完熟梅とハーブのはちみつ漬け【2人分】

完熟南高梅…500g
はちみつ…400g
ハーブ（ローズマリー・タイム・薄切りしょうが）…適量

1 梅は綺麗に洗い、竹串でヘタを取り、水気を拭く。

2 清潔な瓶に1とはちみつを入れ、アルコール消毒をしたハーブを加えて漬ける。ハーブは1週間ほどで取り出し、1ヶ月ほどおく。

＊白い泡が出てきたら、発酵が始まった合図。実を取り出し、50度で3分ほど湯せんにかける。冷まし、冷蔵庫で保管する。

c

白梅【2人分】

南高梅の青梅…1kg
粗塩…80g
焼酎…少々

1 梅は綺麗に洗い、竹串でヘタを取り、水気を拭き、乾かす。

2 梅を焼酎に絡め、粗塩をまぶし、食品保存袋に入れる。残った粗塩も加え、空気を抜く。

3 バットに2を置き、上に重石（約2kg）をし、梅酢が出てくるまで日に何度か天地を返す。梅酢がたっぷりと出たら、清潔な瓶に移し替えて保存する。

＊酸味がかなり強いです。白梅に、もみシソを加えて漬けると梅干しになります。

南高梅

南高梅は、皮が薄くて種が小さく、ぽってりジューシーな肉質が特徴です。そして、あく抜きなどの下処理の必要がないので、簡単に調理することができます。

南高梅以外の梅を使う場合、梅をボウルに入れ、たっぷりの水に浸けてひと晩おき、二度ほど熱を加えてあく抜きをするなど、梅の品種により、調理の仕方が変わります。

d

梅フローズン 【2人分】

南高青梅の蜜煮…2個
シロップ…カップ1/2
水…カップ1/2

①梅蜜煮のシロップを、同量の水で薄めて凍らせ、フローズンにする。器によそい、青梅の蜜煮をのせる。

e

梅はちみつドリンク 【2人分】

完熟南高梅のはちみつ漬け…2〜4個
梅はちみつドリンクのシロップ…大さじ2
炭酸水…カップ3/4
レモン果汁…少々

①グラスに梅とシロップ、フレッシュなハーブ、レモン果汁少々を加え、炭酸水で5倍に薄める。

f

白梅キュウリ 【2人分】

白梅…2個
キュウリ…1/2本

①キュウリを4㎝のせん切りにし、白梅を添える。

梅

梅の百変化

昭和の頃は熱が出ますと、梅干しをオデコやこめかみにのせて解熱薬に。

梅干しを白湯に入れて飲めば、腹痛予防に。

お米と一緒に梅干しを炊き込めば、防腐剤代わりや、食欲増進剤にと、身体を整えるために梅をさまざまに活用してきました。

青梅の蜜煮をソースにしましたら、酸味と甘みのバランスが良い味になりました。

パリパリむね鶏 青梅ソース

【2人分】

鶏むね肉…1枚
塩こしょう…少々
パプリカ赤・黄…各1/2個
ピーマン…1個
茄子…1/2本
サラダ油（米油など）…大さじ2
青梅蜜煮…4粒（P40参照）
青梅ソース
　青梅蜜煮種抜き大…3粒
　煮切り酒…カップ1/2

1. 鶏むね肉は大きめの一口サイズに切り、塩こしょうをする。パプリカとピーマンは縦に四つに切り、ヘタと種を取り除き、横に2〜3等分する。ナスはヘタを切り落とし、縦に半分に切り、皮面に斜めに包丁を入れ、パプリカと同じ大きさに切る。
2. フライパンにサラダ油を引き、鶏むね肉は皮面を下にし、野菜も空いたスペースに並べる。弱火で20分ほど皮がパリッとするまで焼き、裏面も焼いて火入れする。
3. 青梅ソースの材料を混ぜ合わせてペーストにする。
4. 器に2を並べ、青梅の蜜煮を添え、3をかける。

＊青梅蜜煮の代わりに、甘めのはちみつ漬け（塩分8％）などでも代用できます。その場合、煮切り酒に、煮切りみりんを足すなどして味を調整します。

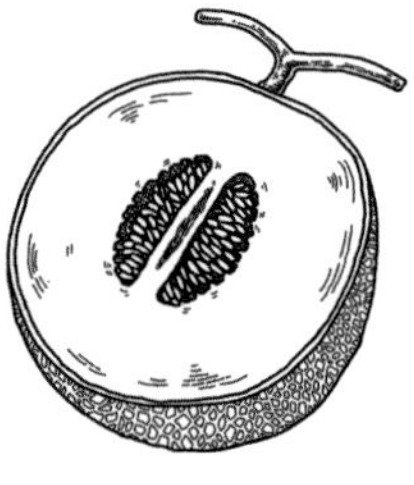

メロン

メロンと和ハーブ

メロンは、きれいな丸みがあり、手に持った時にずっしりと重みを感じるもの、網目が均一に細かく入り、盛り上がっているものが良品です。赤肉メロンは、芳醇な香りと甘さがあり、青肉メロンは、すっきりとした香りと甘みが特徴です。

メロンは、ウリ科キュウリ属ですので、キュウリと相性がよく、和ハーブも一緒に合わせてサラダのようにいただくのも美味しいですよ。

「和ハーブ」とは、日本で古くから親しまれてきた、香草、薬草と呼ばれる植物。みょうが、しょうが、シソ、よもぎ、山椒、三つ葉、柚子などがそれにあたりますが、「和ハーブ」と呼ぶと、なんだかおしゃれに感じます。

メロンとキュウリの和ハーブのサラダ

【2人分】

赤肉メロン・緑肉メロン…各1/4個
キュウリ…1本
みょうが…1本
木の芽…適量
レモン果汁…適量
ホワイトペッパー…適量
岩塩…適量

1 メロンは皮と種を取り除き、一口サイズに乱切りにする。

2 キュウリは、皮に太い線を描くようにピーラーでむき、厚さ8㎜の輪切りにする。

3 みょうがは、根元を切り落とし、細く小口切りにし、サッと水にさらしてあくを取り、水気を絞る。

4 器に1 2をよそい、3と木の芽を、所々にあしらう。レモン果汁をかけ、好みで、岩塩、ホワイトペッパーを適量加える。

＊木の芽とは、山椒の新芽のこと。山椒の実や、粉山椒でも代用できます。好みにより量を調整してください。

枇杷

枇《び》杷《わ》の木

枇杷は中国原産の常緑高木で、比較的温暖な地域で広く栽培されています。実の形が楽器の琵琶に似ていることから、その名がつけられたとか。

初冬から数ヶ月にわたり、枇杷の花が咲きます。綿毛に包まれた小さく目立ちにくい花で、甘い香りを漂わせます。寒さ厳しい中、昆虫や野鳥たちの蜜源となる貴重な花です。

初夏になると、枇杷の実が市場に出回ります。果汁をたっぷりと含み、上品な甘みとほのかな酸味が特徴です。美肌効果ほか、栄養もしっかり。葉には、薬効成分があり「枇杷の葉茶」も有名です。

枇杷とホタテと青菜の盛り合わせ

【2人分】

枇杷…4個
ホタテ…大4個
小松菜…1束
A 米酢…大さじ1
　白だししょうゆ…小さじ1
　砂糖…小さじ1
薄力粉・レモン汁…各少々
サラダ油…適量

1 小松菜はサッと茹で、水気を絞り、3cmに切る。枇杷は皮をむいて半分に切り、種とそのまわりの薄皮を取り除き、縦に2分割する。レモン汁少々を馴染ませ変色予防をする。

2 ホタテは上下に伸びる繊維を断ち切るように2分割し、小麦粉を軽くまとわせる。フライパンにサラダ油を引き、ホタテを加え、強火で表面に軽く焦げ目がつくまで焼き、裏面は軽く焼く。

＊この時、ホタテの香ばしい良い香りが立ったら、旨味を引き出せた合図です。

3 1を器によそい、2をのせ、Aを回しかける。

桃の誉《ほま》れ

果実に関わることわざや、故事成語、慣用句などはたくさんあります。果実をお手本に、人生の指針や指標にしてきたのです。それらの中でも桃は特別にたくさん取り上げられています。桃は、中国で不老長寿、幸運の仙木とされ、日本にもその文化が伝わりました。

「桃李門に満つ」
門下生に優れた人物が集まること。

「桃李もの言わざれども下自《おの》ずから蹊《けい》を成《な》す」
桃やすももは何も言わないが、花や実を慕って人が多く集まるので、その下には自然と道ができる。徳望のある人のもとへは人が自然と集まることのたとえ。

「桃源郷」は、俗世間を離れた平和な別天地のこと。

「桃栗三年柿八年」とは、芽が出てから実が成るまでに、桃と栗は三年、柿は8年かかるということで、何事も相応の時間がかかるということのたとえ。

中国から伝わり、独自の文化として発展してきた五節句のひとつ「上巳(桃)の御節句」では、女子の健やかな成長を祈る行事が伝統的に行われてきました。その際には、桃の枝でにごり酒を混ぜることで、幸運の仙木の力を頂戴します。

人は、さまざまに御利益を求め、頂戴します。これは、生き物の中で唯一向上心がある表れでしょう。その心が正しく導かれることを願うばかりです。

驚き桃の木山椒の木

大きな驚きを表す時に使われる慣用句で、「桃の木」「山椒の木」には特に意味はないのですが、軽快な語呂合わせが楽しい言葉です。

桃を称える格言やことわざはたくさん存在するのに、こういう意味の無いような言葉も引き受けてくれる桃の懐の大きさに、がぜん親しみが湧いてきます。桃は古来より、それだけ親しまれてきた証でしょう。

瑞々《みずみず》しく甘い桃、そのまま食べたい気持ちもよくわかります。ですが、暑い頃にピッタリな総菜です。一度挑戦してみてください。

桃

ほうれん草のやわらかソテー桃のせ

【4人分】

ほうれん草…1束
EVオリーブオイル…大さじ2
にんにく…1片
塩…2つまみ
桃…1個
A レモン汁…小さじ1/2
　ディルみじん切り…3本

1 ほうれん草はきれいに洗い、手で食べやすい大きさにちぎる。

2 フライパンにオリーブオイルを引き、1と塩と塊のにんにくを加えて全体に馴染ませる。蓋をして中火で加熱し、時折混ぜ返しながら、柔らかくなるまで炒め蒸しにし、ザルに広げ、粗熱を取る。

＊ほうれん草から出た水気をザルから落とすことで、シュウ酸を落とせます。

3 Aをボウルに入れる。桃は皮をむき、一口サイズの乱切りにした先から、変色防止のためボウルに入れて馴染ませる。

4 器にセルクルを置き、2を敷き詰め、上に3をのせ、セルクルを外す。

＊セルクルを使わなくても、ガラスの小鉢などによそっても綺麗です。

＊お好みでホワイトペッパー（分量外）をかけても良いです。

果実の種の取り方

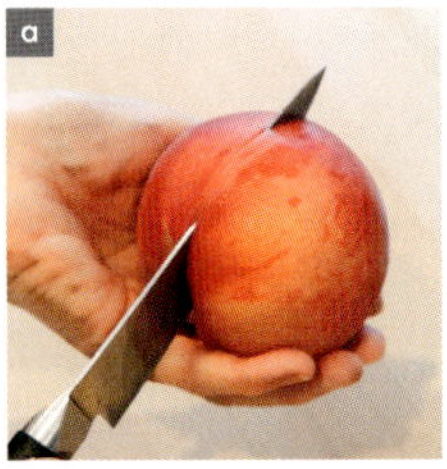

a 縦方向に種を一周するように包丁を入れる

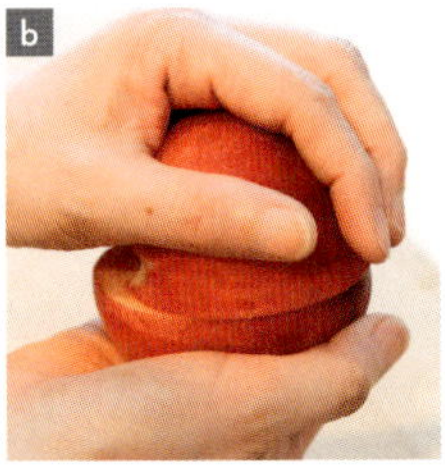

b 上下を逆方向にねじり、種から身をはがす。

c 種が片方にだけついた状態で二分割する。

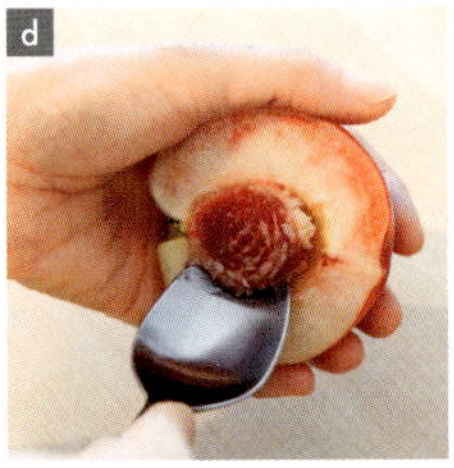

d 種のはじにスプーンを差し、くるりと回しながらすくうように取る。

桃

デザートを総菜に変身させる方法

不思議なのですが、デザートのクリームでさえも、こしょうを加えることで総菜っぽく変身します。

甘くジューシーな桃に、クリームチーズを加えましたら、それだけで美味しく、こしょうを加えましら、お酒が欲しくなる総菜になります。お茶時には、はちみつを加えても喜んでいただけるでしょう。

薬膳で桃は、温性で血行をよくするので、夏バテにも、汗のかきすぎにもよいとされています。

桃とクリームチーズ【3個分】

桃（大）… 1½個
クリームチーズ … 約240g
EVオリーブオイル … 適量
ピンクペッパー … 少々

1 桃は綺麗に洗い、半分に切って種を取り除く（P50果実の種の取り方参照）。皮をむく。

*皮を包丁でむきにくい場合には、湯むき（湯を沸かし、皮面を湯に10秒ほど漬け、冷水に取り、皮をむく）する。

2 中央にクリームチーズをのせ、ピンクペッパーをあしらい、オリーブオイルをまわしかける。

*好みで、はちみつや、ホワイトペッパーをかけても良いです。

*市販品のクリームチーズを使う場合、室温に戻し柔らかくして、純生クリームなどでのばすと、桃と馴染みやすいです。

クリームチーズの作り方

少し手間はかかりますが、ご家庭で無添加のチーズを楽しめます。【400g分】

牛乳 … 800㎖
穀物酢 … 大さじ2
塩 … 2つまみ

1 牛乳と穀物酢を鍋に入れ、混ぜながら中火で加熱する。液体と固体と分離してきたら、ボウルにザルをセットし、ザルにキッチンペーパーを敷いて漉す（写真a、b）。

*漉す際、水気を多めに抜くと固めのチーズになります。

2 水気が切れたらブレンダーで攪拌する。滑らかになったら塩を加えて味をととのえる（写真c）。

*水気（ホエー）は、そのまま飲めますし、スープなどにも使えます。

*冷蔵庫で寝かせると少し固くなります。固くなりすぎた時は、牛乳などを少々を加え混ぜ合わせると、柔らかくなります。

分離したことを確認する。

液体部分は、ホエー、個体部分は、カッテージチーズです。

クリーミーになるまで攪拌する。

高度な手仕事

初めてパイナップルが伝わったのは1866年、石垣島沖で座礁したオランダ船から苗が沖縄に伝来したそうです。栽培は困難を極めましたが、台湾の栽培農家の指導を受け、1946年頃から美味しいパイナップルが収穫できるようになりました。国内生産第1位は沖縄です。

パイナップルの正式名称は、パインアップルです。手に持つとずっしりしている、下部がぽってりしている、全体に丸みがある、艶があり、葉の緑が強いものが良品です。

パイナップルと肉を一緒に料理しますと、酵素の働きで、肉がかなり柔らかくなります。一見ボリューミーなステーキですが、咀嚼力の弱い幼児や老人にもお勧めの料理を紹介します。

パイナップル

トンステーキと焼きパイナップル【2人分】

パイナップル…輪切り4枚
豚肩ロース（テキカツ用）…120g×2枚
ラディッシュ…適量
サラダ油…大さじ1
塩・こしょう・実山椒の塩漬け…各少々
A サラダ油…大さじ2
　塩…小さじ1/2
　にんにくみじん切り…1片
　こしょう…少々

1 保存袋に、パイナップルと、筋切りした豚肩ロースと**A**を入れ、軽く馴染ませ、15分おく。
＊パイナップル酵素の効果で、時間を置くほどに肉は柔らかくなります。
2 フライパンにサラダ油を引き、1と縦に半分に切ったラディッシュを焼く。肉の片面にじっくり火入れし、香ばしく焼けたら裏返し、もう片面も火入れする。
3 皿によそい、焼いたパイナップルとラディッシュ、実山椒の塩漬けをあしらう。
＊肉が反ってきたら、ミートプレスや、重めの鍋などで上から押さえて、火入れすると焼きむらが防げます。

実山椒の塩漬け【2人分】

実山椒…200g
粗塩…60g

1 実山椒は洗い、枝付きのままたっぷりの湯で6分茹で、冷水にとり、枝を取り除く。
2 水気をしっかりと拭き、半日乾燥させる。
3 清潔な瓶に入れ、粗塩をまぜ、冷蔵庫もしくは冷凍庫で保管する。使用する時は、水で塩を洗い流す。

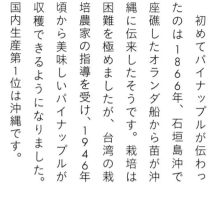

美味しくいただけるということ

栽培技術や、配送技術の発達が目覚ましい昨今。トロピカルフルーツであっても、あたり前のようにフレッシュな状態で食べられるようになりました。私が小さな頃には、さくらんぼもパイナップルも缶詰で喜んでいただいたことを思うと夢のようです。

どの果実もそうですが、試行錯誤を繰り返し、技術向上させてきた生産者の努力、それを迅速に運んでくださる配送者、美味しい内に販売してくれる商店…これには感謝しかありません。

さくらんぼが日本に伝わり約百年。日本一の生産量を誇る山形県では、佐藤錦を中心に14種類ものさくらんぼが生産されています。

さくらんぼ

山芋の短冊とチェリー チェリードレッシング

【2人分】

アメリカンチェリー…約25粒
山芋…150g
A サラダ油…大さじ3
白ワインビネガー…小さじ1
白だししょうゆ…小さじ1/2

1 アメリカンチェリー20粒分に、半分に切り込みを入れ、ねじり半分にし、スプーンで種を取り除く（P50参照）。

2 **A**を合わせて乳化させ、残りのアメリカンチェリーの種を取り除き、みじん切りにして混ぜ合わせる（写真a）。

＊瓶に材料を入れて振ると、簡単にできます。

3 山芋は皮をむき、4～5㎝の細めの短冊に切り、器に並べる。チェリーを一緒によそい、2をかける。

チェリードレッシング

果実のサワー漬け

「サワー」とは、「酸味のある」「酸っぱい」という意味。発酵している酢で果実を漬けましたら、身体によい効果をもたらす、発酵ドリンクになります。漬け終わった果実は、ヨーグルトやアイスと合わせたり、ピクルスのように総菜に加えたり、肉巻きにしても美味しいですよ。

発酵柑橘サワー

【約600㎖分】
レモン・晩柑果肉…300g
米酢…カップ1 1/2
氷砂糖…300g
レモン汁…大さじ2

1. レモンと晩柑は、丸のまま洗い、水気を拭く。レモンは厚さ3㎜の輪切りにし、晩柑は、一口サイズに切る。
2. アルコール消毒した清潔な瓶に、レモンと晩柑と氷砂糖を交互に入れ、米酢とレモン汁を加えて1週間以上漬ける。炭酸などで5倍に薄めて飲む。

発酵アップルジンジャーサワー

【約600㎖分】
りんご…200g
しょうが…1片
米酢…カップ1 1/2
氷砂糖…200g

1. りんごは芯を取り除き、縦に12分割のくし切りにする。しょうがは、汚い部分を取り除き、薄切りにする。
2. アルコール消毒した清潔な瓶に、りんごと氷砂糖を交互に入れ、しょうがと米酢を加えて1週間以上漬ける。炭酸などで5倍に薄めて飲む。

果実酒

ホワイトリカー（焼酎）で漬ければ、軽やかな美味しさに。ブランデーで漬ければ、豊かな香りと深みがでて、お菓子などにも使えます。

枇杷酒

【約600㎖分】
枇杷…300g
レモン…1/2個
ホワイトリカー（アルコール35%）…カップ3
氷砂糖…80g

1 枇杷は丸のまま綺麗に洗い、アルコール消毒をして、水気をしっかりと拭き取る。
2 レモンは、輪切りにしてさらに半月に切る。
3 アルコール消毒した清潔な瓶に、枇杷と氷砂糖を交互に入れ、ホワイトリカーとレモンを加えて、2ヶ月以上漬ける。レモンは、2週間ほどで取り出す。

さくらんぼ酒

【約600㎖分】
さくらんぼ…300g
レモン…1/2個
氷砂糖…80g
ブランデー…カップ3

1 さくらんぼは、軸のまま綺麗に洗い、アルコール消毒をして水気を乾燥させる。
2 レモンは、輪切りにしてさらに半月に切る。
3 アルコール消毒した清潔な瓶に、さくらんぼと氷砂糖を交互に入れ、ブランデーとレモンを加えて、2ヶ月以上漬ける。レモンは、2週間ほどで取り出す。

昨今のトロピカルフルーツ栽培

「トロピカルフルーツは南国のもの」と思っておりましたが、最近では事情が変わってきました。

宮崎のマンゴー「太陽のタマゴ」は有名ですが、完熟にこだわり、樹上で自然に落果したものだけをネット袋で受けて収穫され、芳醇な香りと濃厚な美味しさでファンを魅了しています。

パッションフルーツは、鹿児島県産のものが、普通にスーパーマーケットで売られています。

国内産の良い所は、完熟してから収穫し、早々に消費者へ届けられることです。美味しい果実を美味しいうちにいただくことができ、とても嬉しいですね。

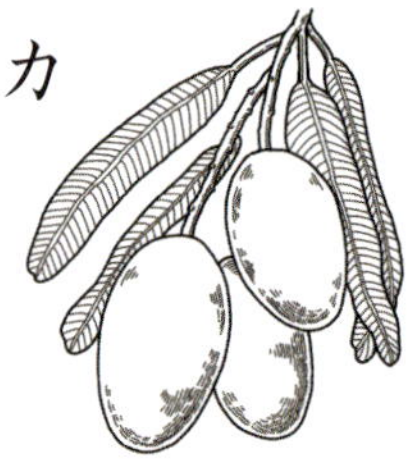

マンゴー

トロピカルイカそうめん 【2人分】

マンゴー…$1/2$個（約100g）
イカそうめん…80g
パッションフルーツ…1個

1. マンゴーは種と皮を取り除き、一口大に切る。
2. 器に、イカ素麺と、1をよそう。
3. パッションフルーツは、半分に切り、スプーンで果汁と種をすくい出し、2にかける。

＊パッションフルーツの、酸味が調味料代わりになるので、しょうゆは不要と思いますが、お好みで調味料を足してください。

マンゴーのさばき方

平らな種が入っています。種の方向を、果実の形状から検討する。

果実の側面から包丁を入れ、種を避けて果肉を切る。

果肉に格子状に包丁を入れる。

皮側から力を加えると、果肉が出てくる。

マンゴーと蟹のモズク酢 【2人分】

アップルマンゴー…$1/2$個
ズワイ蟹むき身…適量
モズク…100g
キュウリ…$1/2$本
塩…少々
A 米酢…大さじ3
　塩砂糖…大さじ2
　レモン果汁…小さじ1

1. Aを混ぜ合わせる。少量を取り分け、蟹に馴染ませておく。
2. モズクは、水で洗い、水気を切り、残りのAと合わせる。
3. キュウリは、薄く輪切りにする。塩をふり、馴染ませ、水気を絞り、2と合わせる。
4. アップルマンゴーは皮と種を取り除き、一口サイズに切る。
5. 器に3 4をよそい、1をのせる。

すだち

かぼす・青柚子・すだち

　かぼすや、すだち、柚子などは、生食に向かないので、実を食べるよりも、果汁の酸味や果皮の香りを薬味として使います。爽やかな酸味が身体を整えてくれます。

かぼす…果汁はたっぷりとあり、酸味は強め。テニスボール大。深い緑色。8〜10月が旬。

青柚子…果汁は少なく、香りの強い果皮を使う。8月頃が旬。熟した果汁たっぷりな黄柚子は、11〜1月が旬。

すだち…香りは強く、穏やかな酸味。ゴルフボール大。深い緑色。8〜10月が旬。

すだち素麺

【1人分】

素麺…1束
すだち…2個
だし汁
　白だししょうゆ…小さじ2
　湯冷まし…カップ3/4
みょうが…1本
大葉…2枚

1 すだちは、薄く輪切りにする。
2 みょうがと、大葉はせん切りにし、水に放し、手でギュッとしぼる。
3 だし汁は、合わせて冷やしておく。
4 鍋にたっぷりの湯を沸かし、素麺を表記時間通りに茹でる。冷水に取り、ぬめりをしっかりと洗い流し、水気を切る。
5 器に素麺を一口ずつ盛り、上に1を並べる。冷えただし汁を注ぎ、2を添える。

変わりつつある夏の風物詩

近年、厳しい暑さが長く続くようになり、全国的に「冷や汁ブーム」が起こっているようです。真夏でも熱々の鍋焼き味噌煮込みうどんを食べる、そんな愛知県民の私には、冷たいお味噌汁に大変抵抗がありました。ですがある時、思い切って作ってみたところ、これが実に美味しいのです。栄養も摂れ、暑い時季に理に適った食べ方だと改めて感じました。

濃いめのだしに、味噌とすりごまをたっぷりと入れ、スイカも入れる。我が家では夏の風物詩になりつつあります。冷たくてもお味噌汁を飲むとなんだか元気になるのは、自分が日本人だからなのでしょうか。

スイカ

スイカの冷や汁【2人分】

スイカ… 6切れ
アジ干物… 大1尾
キュウリ… 小1本
昆布水
　水… カップ3
　昆布… 10g
味噌… 大さじ3
（味噌の塩分により調整すること）
白すりごま… 大さじ4
大葉… 2枚
みょうが… 1本

1. スイカは、厚さ1.5cm、4cm角切り程度の、6切れにし、種を取り除く。
2. アジの干物は、焼いた後に骨を取り除き、身をほぐす。
3. キュウリは、薄く輪切りにする。
4. 昆布水は冷蔵庫でひと晩おき、鍋に入れ、ひと煮立ちさせる。火をとめ、味噌を溶き、冷めたら3を加える。
5. 器に1 2を入れ、4を注ぎ、白すりごまを加える。
6. 大葉とみょうがは、細いせん切りにし、水に放して手でギュッと絞り、5に添える。

*余りにも暑い時には、4の汁を冷蔵庫で冷やしてください。

スイカ

食事としての果実

果実は、速やかに消化され、代謝吸収されますが、酒や酢に、果実がよく用いられるように、発酵しやすい特徴があります。食後に果実をいただくと、他の食べ物と一緒になり、長い時間胃に留まり、胃の中で発酵してしまうこともあるようです。ですので、食事前や、食事として果実をいただくことは、理に適っているのです。

近年、果実の高級化が進み、高価なものが増えてまいりました。スイカを皮まで食べてしまえば、コストパフォーマンスはかなり高く、ゴミも少なくなります。果皮ギリギリまで食べる浅漬けや、肉巻き料理を紹介します。

スイカと果実の肉巻きナッツがけ【2人分】

スイカの皮・パパイヤ・杏・パイナップル…各適量
豚バラ薄切り肉…4枚
しょうゆ…少々
ミックスナッツ…適量

1 スイカは、外果皮の内側、中果皮（白っぽい部分）を、食べやすい大きさの棒状に切る。
2 パパイヤは、縦に半分に切り、種を取り除く。皮をむき、縦に1/6に切る。
3 杏は、縦に半分に切り、包丁やスプーンで種を取り除く。
4 パイナップルは、皮を取り除き、食べやすい大きさの縦長に切る。
5 1〜4に豚肉を巻き付け、フライパンに並べ、中火でこんがりと焼く。フライパンのふちに、しょうゆ少々を垂らし、フライパンを揺すり、香りが立ったら肉巻きに含ませる。器によそい、上にミックスナッツを砕いたものをのせる。

スイカの皮の漬物【2人分】

スイカの赤い果肉を少し残した白い部分…150g
A 塩…小さじ1/4
　濃口しょうゆ…大さじ1
　米酢…大さじ1
白ごま…大さじ1
食品保存袋…1枚

1 スイカは赤い果肉を少し残すように皮をむき、5㎜厚の食べやすい大きさに切る。
2 食品保存袋にAと1を入れて15分〜ひと晩、馴染ませる。炒った白ごまを加え、器によそう。

果実のぬか漬け

ぬか漬けは、お家で手軽に作れる発酵食品です。ぬか床に野菜を漬けることで、味や香りが醸し出され美味しくなる上、植物性乳酸菌が腸内環境を整えたり、免疫力を向上してくれるなど健康効果も上がります。

捨ててしまいがちな皮の部分も、ぬか漬けにしましたら案外と食べられるものです。固い部分は、時間をかけて漬け、細く切ることで食べやすくなります。ドライフルーツのぬか漬けも、面白がっていただけましたら…

〈ぬか床〉
ぬか…1kg
A 水…1ℓ
塩…130g（ぬかの約13%）
昆布…1枚（切って4枚分）
赤唐辛子…3本
〈漬けた材料〉
柑橘果皮、パイナップル、スイカ外果皮、スイカ中果皮、メロン外果皮、ドライいちじく、ドラゴンフルーツ皮、ドライマンゴー（写真右上から左回りに並べた順番）…各適量

1 Aを鍋に入れ、加熱し、沸騰したらかき混ぜ、火からおろす。
2 ぬかを、容器に入れ、冷ました1を加え、手で混ぜ、味噌程度の固さにし、唐辛子を加える。好みの野菜や果実を入れて漬ける。外果皮は3日ほど、果肉やドライフルーツはひと晩おく。

＊ぬか床は1日1回空気を入れ、混ぜるのが理想です。冷蔵庫で保管するならば、2〜3日に1回混ぜてください。
＊ぬかが水っぽくなってきたら、炒ったぬかカップ1に対して塩小さじ1を追加する。
＊市販品のぬか床を使うのもお手軽で良いですね。

夏のお手軽小皿

夏の果実には、火照った身体を冷ましてくれる効果が強いものが多いです。クールダウンするだけではなく、暑さによる食欲不振対策として、口当たりよく、栄養も摂取できるレシピを紹介します。ワインやシャンパンにも合いますよ。

メロンのオリーブのせ

【1人分】

マスクメロン…約1/8個

オリーブ…1個

EVオリーブオイル…適量

1 メロンは、半分に切り、種を取り除く。

2 果肉を型で抜き、上にオリーブのスライスをのせる。

3 オリーブオイルをまわしかける。

＊ブロックに小さめに切り、市販のかき氷の上にのせても。ちょっとしたおもてなしに使えます。

スイカのブルーチーズミント和え

【1人分】

スイカ…100g

ブルーチーズ…小さじ1/2

（お好みで量を調整する）

ミント…適量

1 スイカは一口サイズに切り、器によそう。

2 ブルーチーズは、スイカに塩気をのせるイメージで、少量のせる。

3 ミントの葉をあしらう。

＊ミントの葉が大きい場合は、せん切りにして散らしてください。ミントは、一緒に食べると清涼感が出ます。

パッションフルーツのトマトバジルサラダ

【1人分】
パッションフルーツ…1/2個
ミニトマト…1 1/2個
バジル…3枚程度

① 半分に切ったパッションフルーツの上に、半分に切ったミニトマトをのせ、バジルの葉をあしらう。スプーンで混ぜて召し上がれ。

じゃばらキュウリとブルーベリー黄身酢味噌

【1人分】
キュウリ…3本
ブルーベリー…3粒
黄身酢味噌…適量（P96参照）

① キュウリの両端を切り落とし、側面を割りばしで挟む。包丁が割りばしにあたるまで斜めに1～2ミリ幅の切り込みを入れる。裏返し、同様に切り込みを入れ、食べやすい大きさに切る。

② ①を器に並べ、黄身酢味噌を適量のせ、半分に切ったブルーベリーをあしらう。

ドラゴンフルーツ生ハム巻き

【1人分】
ドラゴンフルーツ（赤・白）…各1/6切れ
生ハム…2切れ
ホワイトペッパー…適量

① ドラゴンフルーツの皮をむく。この時、果皮内側の柔らかい部分は残してむいてもよい。

② ①に生ハムを巻き、器によそう。ホワイトペッパーをかける。

＊ドラゴンフルーツは赤系と白系を使用。クセがないので、サラダに入れたり、ヨーグルトと和えたり、使いやすい果実です。

【通年果実】

ブルーベリー

ブルーベリーと玉ねぎとセロリのソテー

【2人分】

ブルーベリー … 80g
玉ねぎ … 1/2個
セロリ … 1/2本
にんにく … 1片
オリーブオイル … 大さじ2
A しょうゆ … 小さじ1/2
　ワインビネガー … 小さじ1/2

1. 玉ねぎは、厚さ1cmの輪切りにし、セロリは、斜め切りにし、葉も食べやすい大きさに切る。
2. フライパンにオイルを引き、潰したにんにくと①を加え、中火で炒める。
3. ブルーベリーを加え、更に炒める。
4. フライパンの隅にAを垂らし、香りが立ったら全体に馴染ませて火を止める。器によそう。

＊ブルーベリーはフレッシュの方がお勧めですが、冷凍でも良い。

ブルーベリーとサーモンの巻き寿司

【2人分】

米…1合
冷凍ブルーベリー…50g
すし酢…大さじ2
A 卵…2個
　水…大さじ2
　砂糖…小さじ1
　白だししょうゆ…小さじ1/2
サーモン…80g（1cm角の短冊切り）
キュウリ…1本（縦に3分割）
海苔（半切れ9.5×10cm）…2枚
マヨネーズ…適量

1 米に水（160mℓ分量外）、冷凍ブルーベリーを加えて炊飯する。すし酢を加えて混ぜ、すし飯を作る。

2 Aを混ぜ合わせ、弱めの中火で、油を引いた玉子焼き器に少しずつ入れて焼けたら巻く、をくり返して焼き、長く半分に切る。

3 巻き簾を広げラップを敷く。半量の1を海苔の大きさに合わせて薄く広げ、海苔をのせ、2、サーモン、キュウリを横に平行におく。手前から、具材を包むように巻き、5等分に切り、ラップを外し器に並べる。マヨネーズと生ブルーベリー（分量外）で飾る。

実

人は、身近にある自然や植物からも、人生の教えをたくさんいただいています。

果樹の一生は、芽を出し、陽の光をしっかりと吸収し、蕾を膨らませ、たくさんの花を咲かせる。たくさんの花から、たくさんの実をつけるために、良い香りでみつばちを誘い、花蜜をごちそうして、受粉を手伝ってもらう。葉を茂らせ、光合成をしっかりと行う。実が生《な》るためには、ひとつずつ確実に、順序を経ることが大切であると、教えてくれます。

そして、実が生《な》った後、動物や鳥に食べてもらい、種を動物たちの糞と共に、広く蒔いてもらいます。その後、葉を落とし、冬に備えますが、その時には、来春に芽吹くため、硬い芽を準備しているのです。植物の優秀さに拍手を送りたくなります。

人はなかなか、植物ほど優秀ではありませんが、少しでも近づけるようにと、願います。

さて、果樹園では、品質の良い実を育てるために、摘果作業をするのですが、その実は全て処分されるのではなく、花市場にも並びます。有効活用されるのは嬉しいですね。摘果された可愛らしい小粒の「青りんご」が並ぶのは、夏の楽しみのひとつです。厳しい暑さの中、切り花の日持ちは心もとないですが、青りんごのアレンジでしたら、しばらく楽しめます。合わせる小花は、そのままドライになっていくものを選ぶと良いですよ。

<使用花材>
青りんご
マトリカリア
ブルーファンタジー
ユーカリ

秋

Autumn

刻露清秀《こくろせいしゅう》
涼風《りょうふう》至《いた》り
山容秀麗《さんようしゅうれい》に粧《よそお》う

ぶどうと菊花

ぶどうは、ひとつの枝にたくさん実をつけることから、子孫繁栄の象徴とされています。現在では、夏から秋を代表する果実のひとつで、たくさんの品種が流通しています。

近年は、種がなく皮ごと食べられるものが主流です。巨峰を親に持つナガノパープルは、深みのある甘さが特徴。酸味が少なく上品な甘さのシャインマスカットは、皮が薄く割れにくいため、贈答品としても人気です。

少し暑さも落ち着く頃、菊花が咲き始め、重陽《ちょうよう》の御節句でも、美しく生命力のある菊をいただきます。香《かぐわ》しい菊花と、甘く瑞々しいぶどうを合わせた、目にも華やかな料理を紹介いたします。

ぶどう

菊花とぶどうの甘酢和え

【4人分】

シャインマスカット…中半房
ナガノパープル…中半房
菊花…大10輪
甘酢
　米酢…大さじ3
　砂糖…大さじ2

1 ぶどうは、房から取り外し、よく洗う。軸のついてる端を包丁で切り落とす。

2 菊花は、中央の硬い部分を避け、花びらを手で摘む。鍋にたっぷりの湯を沸かし、10秒ほど茹でる。ザルにあげ、冷水で色止めをする。水気を軽く絞り、合わせた甘酢に漬ける。

*菊花は、塊になりやすいので、箸でほぐす。

3 2に1を加えて和え、器によそう。

*残留農薬は、洗うことでかなり除去できますが、皮ごと食べる果物には、アルコール消毒をすると、より安心でしょう。

ぶどう

山葡萄

日本に古来から自生する山葡萄は、小粒で酸味と渋みが強く、その果実は栄養が豊富なため、風邪や産後の養生などの薬としても用いられてきました。近年ではヨーロッパの品種と交配し、ワインやジャムに加工されています。

この山葡萄を使った栄養豊富なワインで作る「ぶどうソース」は、秋季の滋味。さまざまな料理や、アイスクリームに添えるのも一興です。今回は、パテに添えてご紹介いたします。

鶏レバーのパテ テリーヌ風 ぶどうソースで

【5〜6切れ分】

鶏レバー…200g
牛乳…適量
A 白ワイン…カップ1/4
　ローリエ…1枚
　ブラックペッパー…5粒
発酵バター…30g
B 生クリーム…大さじ2
　合わせ味噌…20g
生こしょう塩漬け（飾り用）…5粒
ぶどうソース…適量（P126参照）

a

流し缶：140×77×H46㎜
底から持ち上げられる内型付きがお勧めです。

1. レバーは、臭みの原因となる血管や筋を、包丁で切り込みを入れながら取り除き、流し水で洗う。ボウルに、レバーと、牛乳（分量外）をヒタヒタに注ぎ、10分漬け、臭み抜きをする。水気をふく。

＊ここでしっかりと臭みを取り除いてください。新鮮なレバーを選ぶと良いでしょう。

2. フライパンに半量のバターを入れ、中火で1を炒める。焼き色がついたら**A**を加え、トロっとするまで煮えたらローリエを取り除き、**B**を加える。ブレンダー（もしくはミキサー）で粗くペーストにする。残りのバターを加え、流し缶に移し、形を整え、冷蔵庫で3時間冷やし固める。

3. 流し缶から外し、5〜6等分に切り、器に並べ、生こしょう塩漬けを上にのせる。ぶどうソースの、枝付きぶどうと、ソースを添える。

＊ぶどうソースが無くてもいただけます。おこげやパン、クラッカーに添えても美味しいですよ。

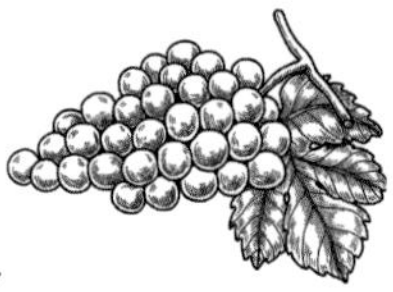

ぶどう

秋の実り

日本には、どの季節にも豊かな収穫がありますが、豊穣の秋は、特別です。新米、栗、さつま芋…秋らしい食べ物に食欲も湧いてきます。

秋の夜長に興を誘う、鈴虫の音を銀鈴《ぎんれい》と呼びます。銀鈴とは、秋になると空気が澄むので、夜空の星（銀）は益々輝きを増し、その輝いている様子を、鈴虫の音（鈴）に重ねる風流です。過ごしやすい時季、秋の実りと美しい月や星々、喜びを与えてくれる自然に、静かに感謝します。

さて、秋の果実を集めて、玉ねぎを効かせたヨーグルトで絡めましたら、秋を簡単に楽しむ一品になります。たっぷりといただき、元気に若返りましょう。

ぶどうと秋の果実ヨーグルトサラダ【2人分】

ぶどう（皮ごと食べられるタイプ）…80g
梨…1/2個
柿…1個
いちじく…2個
ざくろの実…大さじ2
クルミ…4片
ミント…適量
A 玉ねぎみじん切り…20g
　プレーンヨーグルト…80ml
　レモン汁…小さじ1
　塩…ひとつまみ

1. ぶどうは、枝から外し、よく洗う。
2. 梨は皮をむき、芯を取り除き、2cm角に切る。柿も同様に切る。
3. いちじくは、縦に4分割する。
4. ざくろは、皮から外し、洗い、水気を切る（冷凍ざくろでもよい）。
5. クルミはフライパンに入れ、中火で炙り、香りを立たせ、すり鉢で粗く砕く。
6. ボウルに、1〜5とA、ミント少々を加えて和え、器によそう。

秋の彩り

「柿くへば鐘が鳴るなり法隆寺」

この句は、「法隆寺に立ち寄った後、茶店で一服して柿を食べると、途端に法隆寺の鐘が鳴り、その響きに秋を感じた」という趣旨です。明治を代表する歌人、正岡子規は、生涯に20万を超える句を詠みましたが、その中で最も有名な句と評されています。

句意には、もっと深い想いが込められているのかもしれませんが、子規が柿を頬張る姿を想像しますと、人間らしさがあふれ親しみが湧いてきます。

柿

柿の白和え

【2人分】

絹ごし豆腐…150g
種なし柿…1個
ほうれん草…1束
しょうゆ…小さじ1（しょうゆ洗い用）
A 白ごまペースト…大さじ1
白だししょうゆ…小さじ2
砂糖…小さじ1
純生クリーム…大さじ2

しょうゆ洗い

しょうゆをまわしかけ、軽く馴染ませて5分ほどおき、手でギュッと絞る。

しょうゆ洗いをすることで、ほうれん草に含まれるシュウ酸（アク）を取り除くことができます。しょうゆをたくさん入れすぎると、いくら絞っても、しょうゆ辛くなりますので、気をつけること。

1 豆腐はキッチンペーパーで包み、重しをして20分ほど水切りをする。

2 ほうれん草は、大きめのボウルに水を入れ、じゃぶじゃぶと数度水を変えて洗う。再びボウルに水と、食用重曹（分量外）を小さじ2程度ふり入れ、ほうれん草を5分ほど浸したら、流し水で洗う。

3 鍋に湯を沸かし、ほうれん草を30秒ほど茹でる。ザルにあげ、広げて冷まし、3cmに切る。ボウルに入れ、しょうゆ洗いをし、手で軽く絞る。

4 1とAを合わせ、ブレンダー（もしくはミキサーやすり鉢）でペーストにし、和え衣とする。

5 柿は皮をむき、ヘタを取り除き、長さ3cm程度の一口サイズに切る。ボウルに柿とほうれん草を入れ、加減をみながら4を加えて和える。

＊和え衣は、和える物の量に合わせて、分量を調節します。多すぎず、少なすぎず、ちょうど良い塩梅を調節してください。

柿

【伝統的保存食】

干し柿

渋柿の皮をむいて干したものが、干し柿です。薬膳では、生柿は身体を冷やす性質があるとされていますが、干し柿は、血行促進、胃腸を丈夫にする食べ物です。

中国や韓国など、アジア圏で昔から作られてきた干し柿。砂糖が貴重であった時代、甘い干し柿は貴重な食べ物でした。「桃栗三年柿八年」 軽快な言葉遊びのように伝えられてきましたが、実がなるまでに八年かかっても、植えたい柿の木だったのでしょう。

干し柿と黒豆、甘いものの組み合わせが美味しいかき揚げ丼です。ハーブサラダと一緒に食べますと、最後まで爽やかにいただけます。

干し柿と黒豆のかき揚げ丼

【2人分】

干し柿…2個
黒豆煮…大さじ2
玉ねぎ…1/2個
三つ葉…1/2束
ハーブミックス（ディル・サラダ三つ葉・ルッコラ）…適量
EVオリーブオイル…適量
ワインビネガー…適量
揚げ油…適量
天ぷら衣
　小麦粉…大さじ1・1/2
　片栗粉…大さじ1/2
　炭酸水…カップ1/4
刻みのり…適量
タレ
　麺つゆ…大さじ4
　酒…大さじ2
　みりん…大さじ2
　砂糖…小さじ1

1 干し柿は、ヘタを取り、4等分に輪切りにする。玉ねぎは薄くせん切りにし、三つ葉は3㎝に切り、バットに入れ、黒豆と混ぜ合わせる。

2 タレを鍋に入れ、沸騰させてアルコールを飛ばし、冷ます。

3 ハーブミックスは食べやすい大きさに切り、オリーブオイルとワインビネガーを少々加え、和えておく。

4 1に軽く打ち粉（分量外　小麦粉小さじ1程度）をし、上から、合わせた天ぷら衣を適量垂らし、素材と混ぜ合わせ、馴染ませる。180度の油で揚げ、カリッとしたら裏返して揚げる。油の上で3度振り、油を切る。

＊天ぷら衣を、必要以上に加えるとベトッとしやすくなります。素材をくっつける程度に加減してください。

5 器にご飯をよそい、上に刻みのりをのせ、半分のスペースに3を盛り、4をのせる。2のタレをまわしかける。

身近なものからの教え

元々柿は全て「渋柿」だったとか。古くは「干し柿」にして渋みを抜いて食べていましたが、鎌倉時代に突然変異で「甘柿」が生まれ、時代が平和になった江戸時代には沢山の品種が生まれたようです。

昔の家屋は、薪でお風呂を沸かしており、煙の出るお風呂場近くに柿の木を植えました。知恵を使い害虫対策をして、柿を楽しんだようです。

柿にはさまざまなことわざがあります。

「渋柿の長持ち」…何の取り柄もない人や、悪人が長生きすることのたとえ。

「けちん坊の柿の種」…柿の種のような、何の役にも立たないようなものまで物惜しみをするひどい吝嗇家《りんしょくか》のこと。

「青柿が熟柿弔う」…熟した柿が落ちてつぶれたのを隣の青柿が「いたわしいことだ」と弔い同情すること。いずれ同じ運命を辿ることになる。弔う方も、弔らわれる方も大差はない。大した差のないものが、他のものをあれこれいうことのたとえ。

先人たちは、身近なものからさまざまに教えられてきたのですね。

果実の中でことわざの多い「桃（幸運の仙木）」とはかなりイメージの違う柿ですが、元々が渋柿であったことを思えば致し方ないでしょう。しかし、「柿が赤くなると医者が青くなる」と例えられるほど、柿はビタミンCや食物繊維が豊富で、栄養価が高いことで知られています。そして、渋柿は伝統的な保存食の干し柿にして親しまれてきました。糖度は50度を超えるものも多いようです。全てに通じますが、いくら美味しいとは云え、食べ過ぎには要注意です。

夏の終わりから秋へ、秋から冬へ

秋になったとはいえ、厳しい夏を乗り越えた体には、熱がこもりがちです。そして、季節の移り変わりと共に、乾燥も気になる時季到来です。

薬膳では、秋に白いものを食べるとよいと言われていますが、梨は「体にこもった熱を冷ます」「肺や喉を潤す」とされています。季節と共に変わる体調に合わせて、果実が上手く栄養をもたらし健康に導いてくれるようです。

旬のものを、体調に合わせて調理していただきましたら、季節と共に変わる気持ちも、前向きで喜びに満ちやすくなるような気がします。

梨

梨と守口漬け和え 【2人分】

梨…½個
守口漬け…20g（奈良漬でもよい）
大葉…1枚

1 梨は一口サイズの薄切りにし、サッと水に通す。
2 守口漬けは、酒粕とみりん粕が付いたまま、5㎜の輪切りにする。
3 大葉は、粗めのみじん切りにする。
4 1～3をボウルに入れて和える。

梨と湯葉の和え物 【2人分】

梨…1個
塩水（水……200㎖ 塩…1g）
引き上げ湯葉…1本
麺つゆ…適量
食用菊花びら…少々
わさび…適量

1 梨は、皮をむき、一口サイズの薄切りにし、変色防止のため、塩水に馴染ませ、早々に水気を切る。
2 1と、一口サイズに切った引き上げ湯葉を器によそう。食用菊の花びらと、わさびを添え、麺つゆをかける。

＊引き上げ湯葉は、甘みを感じる良品を選んでください。

梨

自然の糖分

日本書紀には、「五穀（主食）を補う作物」としてカブや栗とともに梨栽培が推奨されたと記されています。梨は古来より親しまれてきた果実のひとつです。

甘い梨は、甘味料代わりにも使われます。韓国料理で、冷麺タレに梨を入れるのは有名ですし、味噌と合わせても、自然の酸味を伴う美味しいタレになります。自然素材の味を「美味しい」と思える舌を持つことが健康に繋がる気がします。

昨今は、甘い果実が多く、糖分が気になります。しかし、大方の果物は、83％が水分で、果物の糖分は、ぶどう糖、果糖、ショ糖と、身体に優しく作用します。市販の菓子を控え、果実に変えるのもよいですね。

牛焼き肉 梨味噌だれ

【2人分】

牛肉…160g
（ヒレ、サーロインなどお好みの肉で）
牛脂…適量
梨味噌だれ
　梨…100g
　玉ねぎ…20g
　にんにく…ほんの少し
　合わせ味噌…大さじ2
　酒…大さじ2
　みりん…大さじ2
塩こしょう…適量

1 梨味噌だれを作る。皮をむき、芯を取り除いた梨、玉ねぎ、にんにくは、すりおろす。鍋に酒とみりんを入れ、加熱してアルコールを飛ばし、全ての材料を加え、弱火で5〜8分ほど混ぜながら加熱する。

＊味噌は種類により塩分が違います。塩分により味噌の量を調節してください。

2 牛肉はキッチンペーパーで余分な水分を拭き、塩こしょうをふる。フライパンを強めの中火にかけ、手をかざして熱気を感じるほどに温め、牛脂を溶かす。中火にし、肉を焼き、焼き色がついたら、もう片面も焼く。

＊焼き加減はお好みで調節してください。

3 肉を器に並べ、1のたれを添える。

梨サラダ

【2人分】

梨…1個
ブロッコリースプラウト…1パック

1 梨は、皮をむき、芯を取り除き、せん切りにし、サッと水に通す。

2 ブロッコリースプラウトは根を切り落とし、半分に切る。1に加えて混ぜ、サラダにする。

いちじく

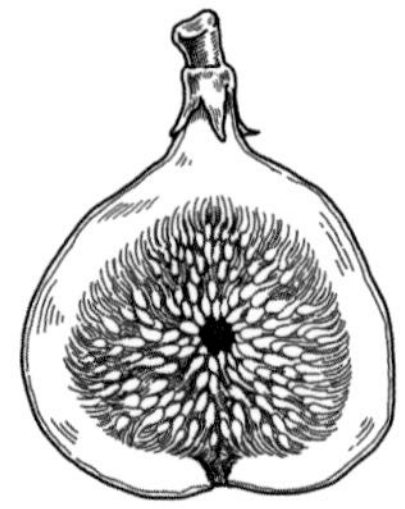

無花果《いちじく》

いちじくは上品な甘みと柔らかな酸味があり、目を引く美しさもあり、料理にも使いやすい果実のひとつです。生のままサラダにしてもよし、天ぷらやフライにしてもけっこういけますし、ドライフルーツにしても美味しく、世界中で広く愛されている果実のひとつでしょう。

いちじくは、漢字で「無花果」と表すように、花を咲かせずに実をつけるユニークな果実です。皮に艶があり、ずっしりと重く、甘い香りと、表面に弾力のあるものが良品です。

茹で鶏といちじくの黄身酢味噌

【2人分】

ささ身…2本
A 水…カップ1
鶏ガラスープの素…小さじ1/2
ローリエ…1枚
サラダ油…小さじ1
いちじく…1個
黄身酢味噌
卵黄…1個
白味噌…大さじ1・1/2
米酢…大さじ1・1/2
砂糖…大さじ1

＊黄身酢味噌は、卵黄1個に対しての分量です。たくさんできますので、これ以外に、和え物に使うなどしてご活用ください。

1 鍋にAを入れて沸騰させる。ささ身を加え、火を止め、蓋をして約15分おく（余熱で火入れする）。ささ身を取り出し、粗熱を取り、手で揉むようにほぐし、筋を取り除く。

＊ささ身がしっかりと水に浸かるように、水量を調節すること。

＊ささ身を手で揉みほぐす時、身が白色になっていたら、火が通っています。中央が生の場合は、安全のため再加熱してください。

2 黄身酢味噌を作る。ボウルに材料を入れ、中火で湯せんにかけ、泡だて器で根気よく混ぜる。ふっくらと滑らかになったら火からおろす。

3 いちじくは、皮をむき、一口サイズに切る。

4 器に、2を広げて伸ばし、上に1と3をのせて盛る。

いちじく

身近にある自然の色

秋になると、田は、黄金色に輝き、山は錦に粧います。街路樹は、黄や赤に染まり、いつのまにか、形も色も控えめな楚々とした草花が咲いています。草冠に秋と書いて「萩」。美しい名前ですね。

身近にある自然の色から、「あぁ、秋がきたな」と時間の経過を知り、感慨深く感じることもあるでしょう。そうなりますと、ファッションも秋色にするのがしっくりきます。そして調理も、秋らしい色を意識しますと、なんだかオシャレな料理になる気がします。

秋になりますと、柔らかい茄子や、ぽってりとして甘いいちじくも出てきます。旬の組み合わせ、秋の味をたっぷりと召し上がってください。

いちじくと揚げ焼き茄子

【2人分】

いちじく… 1個
茄子… 大1本
サラダ油… 大さじ3
A バルサミコ酢… 大さじ1
　しょうゆ… 小さじ1/2
実山椒の塩漬け… 適量（P54参照）
レッドキャベツスプラウト… 適量

1 茄子は一口サイズの乱切りにし、フライパンに入れ、サラダ油でオイルコート（全体に油を回す）をし、蓋をして中火で加熱する。途中で混ぜ、全体に火を通す。Aをフライパンのふちに流し入れ、香りが立ったら、茄子と馴染ませ、器に並べる。
2 いちじくは、きれいに洗い、軸を切り取り、くし切りにして、さらに半分に切り、1に散らす。
3 実山椒の塩漬けをのせ、レッドキャベツスプラウトをあしらう。

＊いちじくの果皮が硬い場合は、皮をむいてください。

ざくろ

吉祥菓《きちじょうか》

ざくろは、平安時代に中国から日本に伝来しました。非常に酸味の強い品種であったこともあり、観賞用の庭木や薬用として大切にされてきたようです。現在は食用として9～10月頃、美味しいアメリカ、イラン、チリ産が出回り、国産品は希少です。

ざくろは、子孫繁栄を表す縁起の良い果実とされ、仏教では「吉祥菓」というおめでたい呼び方をします。安産・子育《こやす》の神様「鬼子母神《きしもじん》」は、魔除けの意味もある吉祥菓を手に持っています。

ざくろは、生のままサラダに入れるなどすると、手軽に栄養が摂れますが、ソースにして、肉と合わせても美味しいです。

ラムチョップのグリル ざくろとバルサミコのソース

【2人分】

ラムチョップ…4本（約400g）
A 塩…肉の1%（約4g）
ローズマリー…先端部分4本
ローズマリー（みじん切り）…大さじ1
パセリみじん切り…大さじ2
にんにくみじん切り…小さじ1
EVオリーブオイル…大さじ2
にんにく…大1玉
EVオリーブオイル…大さじ2
B バルサミコ酢…カップ1/4
しょうゆ…大さじ1
ざくろ…1/4個
塩こしょう…適量

1. ラムチョップはビニール袋に入れ、Aを加えて馴染ませ、5分おく。
＊置き過ぎると肉から水分が出過ぎてしまうので注意しましょう。
2. 温めたフライパンにオリーブオイル大さじ1（分量外）を引き、1を中火で焼く。片面がこんがりと焼けたら、もう片面に火入れをし、器によけておく。
＊焼き過ぎると硬くなるので注意しましょう。
3. そのままのフライパンにBを入れ、半量になるまで弱めの中火で煮詰める。
＊ざくろは水の中でほぐして実を取り出し、ざるにあげて使います。冷凍ざくろでもよいでしょう。
4. 器に、ベビーリーフをのせ、2をよそい、3をかける。
＊ラムチョップとは、生後12ヶ月未満の子羊の骨付きロース肉です。

果実のコンポート

糖分が控えめの軽さが魅力です。材料に、ワインを合わせると、風味が良くなり、レモンを加えると、味が引き締まり、砂糖をきび糖などにすることで味に深みが増します。

ぶどうのコンポート

【4人分】
巨峰…250g
砂糖…120g
A 水…カップ3/4
　白ワイン…カップ1/4
レモン汁…小さじ1/2

1 巨峰は、房から外してよく洗い、水気を切っておく。
2 Aを鍋に入れ、沸騰させる。弱火にし、1を加えて約10分煮る。皮がむけ始め、煮汁が紫色になったら、火を止め、煮汁をザルで漉し、皮をむく。
3 清潔な容器に入れ、実が煮汁に浸るようにする。

消費期限　冷蔵庫で10日

温州みかんのコンポート

【小8個分】
温州みかん（種なし）…300g
A 水…カップ1・1/2
　砂糖…80g

1 みかんは皮をむき、45度の湯に5分浸し、白い筋を取り除く。水気を拭く。
2 鍋にAを入れて加熱し、沸々としたら弱火にし、1を加え、2分煮る。
3 清潔な容器に入れ、実が煮汁に浸るようにする。

消費期限　冷蔵庫で10日

果実の葛煮と蜜煮

熱々の葛煮は、ひきはじめの風邪に効くお薬代わりになります。蜜煮は、糖分により保存期間が変わってきます。2〜3ヶ月持たせたい場合には、糖分を70％以上にしましょう。

りんごの葛煮

【2人分】
りんご…1個
A 水…カップ2
　砂糖…大さじ2
　レモン果汁
　　…小さじ1
水溶き葛
　葛…大さじ2
　水…カップ1/4
シナモンパウダー
　…少々

1 りんごは皮と芯を取り除き、一口サイズに切る。
2 鍋にAと1を入れ、蓋をして弱火で約10分柔らかくなるまで煮る。
3 水溶き葛を回しかけ、透明感が出るまで混ぜながら加熱する。
4 器によそい、シナモンパウダーをふる。

消費期限　冷蔵庫で3日

金柑の蜜煮

【約15個分】
金柑…300g
A 水…カップ2
　砂糖…150g

1 金柑の皮に縦に切り込みを8ヶ所入れ、湯（分量外）で1分茹で、ザルにあげる。
2 切り込みに、竹串か箸を入れて種を取り除く。
3 鍋にAと2を入れ、クッキングシートで落とし蓋をし、弱火で約30分柔らかくなるまで煮る。
4 清潔な容器に入れ、実が煮汁に浸るようにする。

消費期限　冷蔵庫で10日

丹波の栗畑

栗の木は、ブナ科クリ属の落葉高木。本来は、高さ15m、幹の直径は80cmにもなります。栗栽培では、樹高が高くなり過ぎないように仕立てや選定を行い、受粉作業、摘果をするほか、手間暇かけて大切に育てられます。

秋になると、栗を使った美味しい菓子や総菜がたくさん出回ります。食べることは、季節を感じやすいですね。

今回は、生栗を使うレシピを2種紹介します。生栗の代わりに、そのまま食べられる甘栗でも美味しく手軽に料理できます。甘栗とは、栗の実を熱した小石の中で焼き、黒蜜を加え、甘みと艶をつけたもので、スーパーマーケットで通年入手できます。

栗のポタージュスープ【2人分】

栗…200g
玉ねぎ…1/4個
バター…10g
A 水…カップ1・1/2
　コンソメ…3g
　ローリエ…1枚
牛乳…カップ1/2

1 鍋にバターを溶かし、せん切りにした玉ねぎを炒める。透明感が出てきたら、殻をむいた栗を加え、さらに炒める。

2 Aを加え、弱めの中火で20分煮る。飾り用に、栗を少し別皿に取り分けておく。ブレンダーにかけてピューレ状にし、牛乳を加える。弱火で沸騰しないように温める。

3 器によそい、飾り用の栗をあしらう。好みで、ホワイトペッパー（分量外）をかける。

＊市販の甘栗を使っても美味しくできます。その場合は煮る時間を13分に変更してください。少し甘めに仕上がります。

渋皮栗の素揚げ【2人分】

栗…8個
揚げ油…適量
塩…適量

1 栗は渋皮を残して鬼皮をむく。

2 170度の油で、栗からグツグツと振動が伝わってくるまで、じっくりと揚げる。揚げ油の上で、3回程度振って油を切る。熱いうちに塩をふる。

栗

栗にちなんだ慣用句とことわざ

慣用句とは、2つ以上の言葉が結びつき、全体として特定の意味を持つもの。ことわざとは、教訓などの意味を含んだ言葉です。身近にあるものから、豊かな表現で、私たちを楽しく導いてくれます。

「火中の栗を拾う」他人の利益のために、危険をおかして、ひどい目にあうことのたとえ。また、危険を承知で挑戦する際の意思表明の意味も。

「雨栗《あまぐり》日柿《ひがき》」雨の多い年は栗がよく実り、日照りの多い年は柿がよく実るということ。

さて、寒くなってくると食べたい秋の味を紹介します。

栗ときのこのクリーム焼き

【2人分】

A むき栗…10個
しいたけ・しめじ…200g
鶏モモ肉…100g
有塩発酵バター…30g
塩…小さじ1/2
牛乳…カップ1
白味噌…小さじ1/2
薄力粉…大さじ2
塩こしょう…少々
ミックスチーズ…適量

1 しいたけは汚れを拭き取る。石づきを切り落とし、傘と軸に切り分ける。傘は1㎝の薄切りにし、軸は繊維に沿って薄切りにする。しめじは、石づきを切り落とし、手で小房に分ける。鶏もも肉は、一口サイズに切る。

2 フライパンにAを入れ、良い香りが立つまで中火でしっかりと炒めて、味を引き出す。

＊きのこの味が薄い場合、追加でコンソメ顆粒（分量外）を加えて、ここでしっかりと味をつけましょう。

3 2に小麦粉を全体にふり入れ、粉っぽさが無くなるまで混ぜながら炒める。牛乳を少しずつ加え、白味噌も加え、トロミがつくまで弱火で5分ほど加熱し、塩こしょうで味をととのえる。

4 耐熱の器に3を入れ、ミックスチーズをのせて、オーブン230度で約10分こんがりと焼く。

＊むき栗を、甘栗で代用しても、手軽で美味しくできます。その場合には、手順4で加えます。

＊オーブン以外に、トースターや魚焼きグリルでも代用できます。

秋のお手軽小皿

暑すぎた夏から少しずつ涼しくなる嬉しさと、秋らしく深みを増した色合いの果物が出回り始め、食欲も出てくるころでしょう。果実で身体を冷やさぬよう、食べる時間帯を日中にするなど、配慮して養生なさってください。

柿のおろし和え

【1人分】

干し柿…1個
干しぶどう(グリーン)…小さじ1
大根…適量
A 米酢…大さじ1
　しょうゆ…小さじ1
　砂糖…小さじ1/2

1 干し柿は、ヘタを切り落とし、食べやすい大きさに切る。
2 大根は皮をむいて、おろし、水気を軽く絞る。
3 1 2と干しぶどうを和え、器によそい、上にヘタを飾る。食べる直前に混ぜ合わせたAをかける。

いちじくにごまクリーム

【1人分】

いちじく…大1/2個
A 白ごまペースト…大さじ1
　純生クリーム…小さじ1
　しょうゆ…小さじ1/4

1 いちじくはきれいに洗い、皮つきのまま繊維に沿って2分割にする。
2 Aを混ぜ合わせ、1にかける。
*Aが硬い場合、純生クリームを増量して硬さを調整する。

秋果実の黄な粉がけ

【2人分】

梨、柿、いちじく…適量

A 黄な粉…大さじ2

砂糖…大さじ1

シナモン…小さじ1/4

①果実は、一口サイズに切り、器によそう。

②Aを混ぜ合わせ、①にかける。

うさぎとぶどう

【2個分】

ぶどう…2粒

(種なし、皮ごと食べられるもの)

モッツァレラチーズ…小粒2個

ピンクペッパー…適量

バジル小さめ…4枚

EVオリーブオイル…適量

①ぶどうはきれいに洗い、上下を水平にほんの少し切り、器に並べる。

②ぶどうの上にモッツァレラチーズを置き、オリーブオイルをかける。

③ピンクペッパーの表皮で目を、バジルで耳を作り、ウサギに見立てる。

＊秋の、お月見の演出にも。

ざくろなます

【4人分】

大根…250g

ざくろ…1/4個

塩…小さじ1/4

A 米酢…大さじ3

砂糖…大さじ2

①大根は皮をむき、細めのせん切りにする。塩をまぶし10分おく。手でギュウギュウ揉み、しっかりと水気を絞る。

②ざくろは、手で割り、赤い粒を取り出す。

③ボウルにAを入れて溶かし、①②を加えて和える。

【通年果実】

バナナ

塩レモン焼きバナナ
パルミジャーノ・レッジャーノたっぷり

【2人分】

バナナ…大2本
サラダ油…大さじ1
粉チーズ…適量
パルミジャーノ・レッジャーノ…適量
パセリみじん切り…適量
レモン汁…適量
岩塩…適量

1 バナナは縦に半分に切り、ざっくりと3等分にし、器に並べる。

2 上からサラダ油を回しかけ、粉チーズをたっぷりと振りかける。バーナーで少し焦げ目がつくように炙る。

3 レモン汁をふりかけ、パセリと岩塩をふる。パルミジャーノ・レッジャーノをたっぷり削ってかける。

＊バーナーが無い場合には、トースターや、魚焼きグリルで焼いてください。加熱し過ぎると甘くなるので、注意しましょう。

＊青バナナでもお勧めです。

南国バナナカレー

【2人分】

A パイナップル（みじん切り）…50g
　牛モモ肉（5㎝角）…160g
B にんにく（みじん切り）…1片
　しょうが（みじん切り）…1片
玉ねぎ（みじん切り）…200g
カレー粉…大さじ2
C きざみトマト…150g
　赤ワイン…1カップ
　ブイヨン…1個
ガラムマサラ…小さじ1
D バナナ…1本
　パイナップル…4切れ
　バター…5g
ウコンごはん…適量
（米1合にウコン小さじ1/4を加え炊飯する）

① ビニール袋にAを入れ、15分馴染ませる。

② フライパンに油（分量外）を引き、Bと玉ねぎと①を中火で火入れし、カレー粉を加えてよく炒める。

③ Cを加え、蓋をして弱火で20分、途中で混ぜながら煮る。ガラムマサラを加え、さらに5分煮る。

④ D（トッピングのバナナとパイナップル）をフライパンで焼く。

⑤ 器にウコンご飯を盛り、③をよそい、④をのせる。

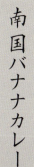

豊潤な世界

縄文時代、人は自然と共にある暮らし方をしていたようです。養殖とまではいかなくても、その成長を手助けすることで多くの収穫を得るような知恵を用い、暮らしていたことが、遺跡や貝塚からわかっています。

栗やクルミ、ドングリなどのナッツ類がなる木がたくさん育つ豊かな森で木の実を採取し、その森にいる鹿やイノシシ、ノウサギなどを狩りました。梨の木もあり、果実から水分補給もしたことでしょう。食用にできる草も豊富にあり、食料は工夫をして、煮炊きしていただきました。

海では、海苔や貝類を養殖し、魚を捕り、乾物にするなどの加工をして、交易もしていたようです。多くの恵み、知恵や工夫のおかげで、大勢の人が養われました。

そして、人は、一日の内3〜4時間ほど働き、あとは、趣味などをして過ごしたとか。人を武器で傷つけることも無かったとか。病気やケガをした人がいれば、看病し、皆で支え合っていたようです。平和で豊かな暮らしが1万年も続いたとされています。今、あらためて縄文時代の暮らし方に注目が集まっているようですが、私も興味津々です。

現代とは、気候も違うかもしれませんが、この地は太古の昔から、豊かな山と豊かな海と、温厚で知恵を使う人々が暮らしてきたようです。そして、時季のものを収穫し、味わう喜びを分かち合ってきたのでしょう。

＜使用花材＞
花草黍（はなくさきび）
柴胡（サイコ）
ヘンリーアイラーズ
天竺牡丹（テンジクボタン）
セファロフォラ・アロマティカ

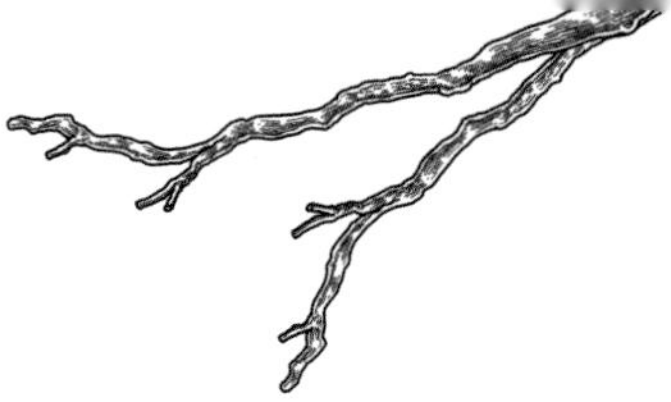

冬

Winter

雪月風花《せつげつふうか》

冬の雪、秋の月、夏の風、春の花

味わい深き愉楽《ゆらく》

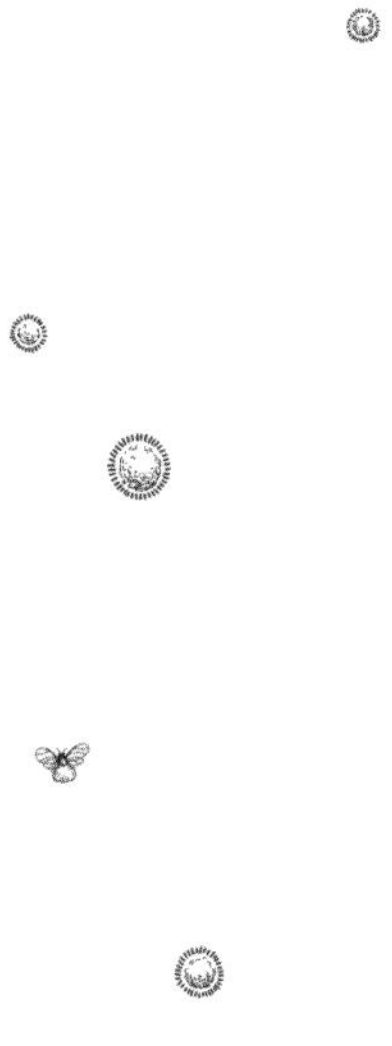

りんご

りんごいろいろ

西洋りんごの苗木が日本に持ち込まれたのは、明治4年。気候が冷涼な地、青森県で最も多く生産されるようになりました。昭和に入り、紹介しきれないほど多くの品種が生まれました。

「つがる」…果汁の多さと優しい甘さ。早生種。

「紅玉」…甘酢っぱさが魅力。アップルパイなどの菓子に人気。

「北斗」…蜜が入りやすく、果汁が豊富、甘酸適和《かんさんてきわ》の美味しさ。

「ふじ」…シャキシャキとした食感。果汁が多く、甘さと酸味のバランスが抜群。鮮度を保つ専用の冷蔵庫に入れられ、通年出荷されています。

さて、今回は、鍋要らずの簡単なレンジ調理を紹介します。

りんごと豚バラのミルフィーユ【2人分】

りんご…1個（あれば紅玉）
豚バラ肉…100g
レモン果汁…適量
りんごソース…適量（P127参照）

1 りんごはきれいに洗う（P7洗い方参照）。縦に半分に切り、芯を取り除く。皮つきのまま、薄切りにする。ふんわりとラップをかぶせ、レンジ600Wで2分加熱する。

2 豚バラ肉は、4㎝に切り、少し重なるように、細長く並べる。

3 耐熱容器内の外側に、1を少しずらして重ねながら、一周並べる。その内側に、2を一周並べる。それを繰り返し、中央まで埋め、レモン果汁を回しかける。

4 ふんわりとラップをかぶせ、レンジ600Wで約3分加熱する。上にりんごソースをかける。

＊甘みが強い場合、お好みでこしょうを加えて。

りんご

果実の歌♪

学校給食でも提供されている、りんごとみかん。この二つは、歌でも親しみました。童謡「みかんの花咲く丘」は、替え歌にしたり、手遊びでも楽しんだり。りんごは、童謡「りんごのひとりごと」や、「りんごの唄」などの流行歌で多くの人に親しまれてきました。

「みかんの花咲く丘」は、明るいイメージの長調。「りんごのひとりごと」や、そのほかのりんごの歌は、少し寂しげな印象の短調です。これは、温暖な地域で育つみかんと、厳しい冬の北国で育つりんごの違いだと推測します。日本の文化は、地域色豊かで面白いですね。

さて、子供から老人まで大好きな甘辛味、りんごをソースに使った料理を紹介します。

鶏もも甘辛焼き丼 りんごソース

【2人分】

鶏もも肉…1枚
塩…少々
サラダ水菜…適量
サラダ油…小さじ2
ご飯…適量
りんごソース…適量（P125参照）

1. 鶏もも肉は、皮付きのまま5cm角程度の大きさに切る。厚さのある部位は、隠し包丁を入れ、火を通りやすくする。皮面に塩を少しふる。
2. フライパンにサラダ油を引き、1の皮面を下にして、弱めの中火で皮がパリッと焼けるまで、じっくりと約20分火入れする。強火にし、裏返し、中まで火入れする。フライパンのふちにりんごソースを肉に味がつく程度に加え、沸騰させながらソースを肉に絡め、火を止める。
3. 器にご飯をよそい、3cmに切ったサラダ水菜を敷き、上に2をのせ、りんごソースをお好みの量かける。

みかん

みかんの歴史

みかんを含む柑橘類の原産地は約3000万年前のインド、タイ、ミャンマー辺りとされています。日本の縄文時代には、中国で栽培が始まり、柑橘類は薬として、大切にされていたようです。

その後、遣隋使や遣唐使が数種の柑橘を持ち帰り、柑橘類の汁は、病の予防薬（生酢）として、大切にされてきました。そして、突然変異による種の無い「温州みかん」などの固有種が生まれ、品種改良も盛んに行われ、発展してきました。

みかん栽培は温暖な気候が適しており、和歌山、愛媛、静岡、熊本などで多く生産されています。

みかん色のサラダ【2人分】

みかん小…2個
トマト小（橙色）…2個
金柑…2個
にんじん…1/3本
A EVオリーブオイル…大さじ2
　白ワインビネガー…小さじ1/2
オレンジとにんじんの発酵ドレッシング…適量（P18参照）

1. みかんは皮をむき、横に半分に切り、食べやすい大きさに切る（P22参照）。
2. にんじんは、せん切りにし、塩を馴染ませ10分おく。手でギュウギュウと揉み込み、水気を絞り、**A**と合わせて馴染ませる。
3. トマトは、一口サイズの乱切りにし、金柑は1個を4枚に切る。
4. 器に1～3を盛り合わせ、ドレッシングを回しかける。

柚子

柚子も、お薬

庭木にもできる果樹として広く親しまれている柚子も、中国大陸から日本へやってきた柑橘のひとつです。柚子には、芳香と、身体を温める効能、生酢である果汁の薬効成分があります。私たちは、その恩恵にあやかり、冬至には柚子湯につかり、身体を温め健康に努めます。

柚子は、長く鋭いトゲを持ち、実を守っています。感謝して、いただきましょう。

ひとり柚子鍋

【1人分】

柚子…1個
鶏もも肉…1/2枚
鶏ガラスープ…カップ2
長ねぎ…1本
A しょうゆ…大さじ1
　酢…大さじ1
しょうが…10g
セリ…1束
白すりごま…大さじ2

1. 柚子は縦に4等分に切る。
2. 鶏もも肉は一口サイズに切る。しょうがは、5等分に切る。
3. 土鍋に鶏ガラスープと1を入れ、グツグツ沸騰させる。2を加え、中火で火を通す。
4. 斜め薄切りにした長ねぎと、3㎝に切ったセリ、Aを加え、ひと煮立ちさせる。白すりごまを加える。

＊このままでも美味しいですが、好みで柚子果汁（分量外）や、ポン酢（分量外）を加えても良いです。
＊煮込んだ柚子は、苦味がありますので、食用には不向きです。

果実の調味料

果実の調味料は、自然の甘みと酸味を感じる優しい味になります。比較的どのようなお料理にも合いやすく、生野菜、茹で野菜、湯豆腐などのタレにもお勧めです。

柿ポン酢

【約200mℓ分】
熟柿…中2個
A しょうゆ…大さじ1
米酢…大さじ3

1 柿は、皮をむき、幅1cm程度に切る。熟して形が無くてもよい。
2 1にAを混ぜ、ひと晩おく。刺身や魚、肉やサラダにかけて。

ぶどうソース

【約200mℓ分】
ぶどう（種なし、皮ごと食べられるもの）…中1/2房
A 赤ワイン…カップ1
バルサミコ酢…大さじ1
砂糖…大さじ1
無添加コンソメ…2g

1 ぶどうは、よく洗い水気を拭く。枝ごと小房にハサミで切り分ける。
2 鍋にAを入れ、中火にかけ、ひと煮立ちさせる。1を加え、強めの弱火で15分煮る。

キウイソース

【約200mℓ分】
キウイ…1個
ひしお…小さじ1/2

①キウイは、すり鉢やブレンダーでペーストにし、ひしおを混ぜ合わせる。

＊ひしお…豆麹と麦麹を使った旨味と深いコクが特徴の発酵調味料。ひしおがない場合は、魚醤や旨味強めのしょうゆなどで代用できます。

りんごソース

【約400mℓ分】
すりおろしりんご…1個（約300g）
A しょうゆ…カップ1/2
みりん…カップ1/2
酒…カップ1/2
米酢…大さじ1
砂糖…小さじ1

①鍋にAを煮立たせ、アルコールを飛ばす。

②すりおろしりんごを加え、ひと煮立ちさせる。

寒空の工夫

冬の空は、厚い雲が低く垂れ込め、薄暗く、凍えるような北風に、身体は心底冷えます。快晴時に比べ、気持ちが深く沈むことも多いでしょう。人は、天気にとても左右されやすいものです。

そんな日は、身体が硬くなりがちですから、快適に過ごす工夫が必要です。お気に入りの温かい衣服に身を包み、温かく美味しいものを飲み食いして身体を温め、冬の空を見上げましたら、この寒空を楽しむ余裕が生まれてきそうです。

さて、食材には、身体を冷やすものと、身体を温めるものなど、元々の性質があります。夏に旬を迎えるものは、大方火照った身体を冷やしてくれ、冬に旬を迎えるものは、身体を温めたり、冷やしにくいものが多くあります。

元々持っている性質を、どのように調理するかで、身体に及ぼす影響は変わりますので、冬には温める性質の食材を、温かく調理することで、より温まることができるでしょう。

温まることの健康効果については、皆さまご存じのことと思いますが、温まると身体が緩み、血が体中を巡り元気になります。そうなりますと、気持ちは前向きになり、さまざまなことを楽しめるようになります。

自分の気持ちも、自分の身体も、慈しむことを大切にしましょう。これができれば、他者にも心から優しくなれそうな気がいたします。

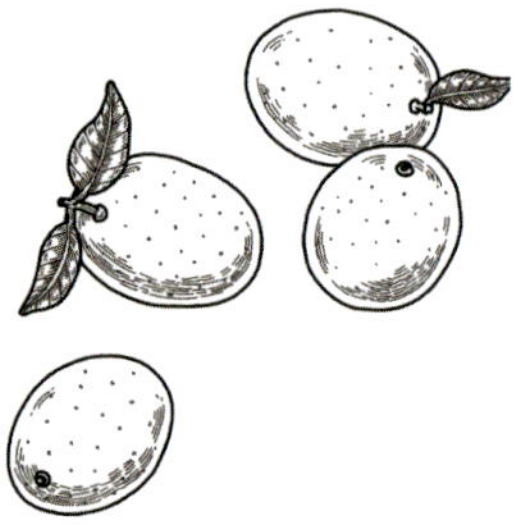

金柑

福々しい名前

金柑は「金冠」という字があてられることから、富に恵まれるようにと願いを込めて、御節料理にも入れられます。

金柑にはたくさんの種があり、取り除く作業は大変です。しかし、「種は子孫繁栄につながるので嬉しい」と喜ばれる方がいらっしゃいます。そして、その方のお家は本当に繁栄されているようですので、キツネにつままれた気もいたしますが、種と繁栄は関係しているのでしょうか。

金柑は、香り、酸味、甘みがあり、皮ごと美味しく食べられる、姿形可愛い柑橘。さっと手早く作れる料理を紹介します。

金柑とイカのハーブ和え

【4人分】

金柑…6個
タルイカ（刺身用）…200g
ディル…適量
EVオリーブオイル…適量
岩塩…適量

1. 金柑は綺麗に洗い、ヘタを取り、横に半分に切る。竹串で種を取り除く。もしくは、金柑の蜜煮（P103参照）を半分に切る。
2. イカは、金柑と同じ大きさの立方体に切り、横に薄く隠し包丁を入れる（写真a参照）。ディルのみじん切り、オリーブオイルを加えて馴染ませる。
3. 器に1 2を並べ、岩塩少々をふる。

寄生虫・アニキサス対策のため、包丁を必ず入れること。

金柑

餡かけ

くず粉や片栗粉でトロミをつけた汁をかけた料理を「餡かけ」と云います。餡にすることで、材料がまとまったり、冷めにくくなりますので、寒い時には特にお勧めです。

さて、蓮根を薄く切り、カリッと揚げるのは、私の大好きな食べ方のひとつです。シンプルに塩だけでも美味ですが、金柑の香りがついた餡を絡め、揚げた白身の魚と一緒に盛り合わせた、ご馳走餡かけを紹介します。

白身魚と蓮根のフリット 金柑餡

【2人分】

金目鯛（タラ、鯛など白身魚）…80g×2枚
蓮根…80g
A 片栗粉…大さじ2
　薄力粉…大さじ2
塩こしょう…少々
揚げ油…適量
餡
　金柑…大3個
　水…カップ1
　鶏ガラスープの素…小さじ1
　淡口しょうゆ…小さじ2
　酒…小さじ2
　みりん…小さじ1
水溶き片栗粉…大さじ1/2

1 白身魚は、軽く塩をして10分おき、キッチンペーパーで水気をふく。骨を取り除き、大きめの一口サイズに切る。

2 蓮根は薄く半月切りにする。

3 1 2に、それぞれ薄くAをまぶし、170度の油でカリッと揚げ、揚げ油の上で2、3度振って油を落とし、ザルにあげてさらに油を切る。塩こしょうを適量ふる。

4 餡を作る。金柑は、横に4分割に切り、竹串で種を取り除く。鍋に餡の材料を入れ、弱火で3分煮る。水溶き片栗粉を加えて、トロミをつける。

5 器に3を盛り合わせ、4をかける。

果実の乾物

果物を乾燥させることで、水分が抜け栄養が凝縮され、保存性も高まります。果実の乾物（ドライフルーツ）は、菓子代わりに、お茶にしたり、非常食などに、便利に活用できます。

甘さ控えめ柑橘ピール

【約100g分】

ネーブルオレンジ…2個（約400g）
グラニュー糖…80g
水…適量
仕上げ用グラニュー糖…10g

1 オレンジの皮をむき、5㎜幅に切る。実は手で果汁を絞っておく。

2 鍋に湯を沸かし、皮を入れ、中火で1分茹でて湯切りする。3回繰り返す。果汁と水を合わせ約100㎖にしグラニュー糖と鍋に入れる。弱めの中火で約20分煮る。

3 天板に2を並べ、オーブン100度で20分加熱し、仕上げ用グラニュー糖をまぶし冷暗所で6時間乾燥させる。

セミドライフルーツ

【約70g分】

オレンジ…1個
レモン…1個
すだち…1個

1 柑橘は、皮付きのまま2㎜の厚さに切り、ザルに広げ、1時間から半日乾かす。

2 天板に1を重ならないように並べ、オーブン100度で40分～1時間、状態を見ながら加熱して乾燥させる。

3 オーブンから取り出し、冷めたら、保存袋などに入れて保存する。乾燥剤などがあれば、一緒に入れておく。

ドライフルーツ緑茶

【約600㎖分】

熱湯…カップ3

緑茶葉
…ティースプーン1

好みのドライフルーツ
…適量

＊写真

❶なつめ
❷白いちじく
❸セミドライすだち
❹クコ
❺セミドライオレンジ
❻杏
❼オレンジピール
❽金柑ピール
❾グリーンレーズン

1 お茶パックに、緑茶葉を入れる。

2 ポットやカップに1とお好みのドライフルーツを加え、湯を注ぎ、3～5分おく。お好みで、はちみつ（分量外）を加える。

＊クコの実は、洗ってから使いましょう。

＊ウォーマーで1時間ほど保温すると、フルーツの旨味が凝縮され、さらに美味しくなりますよ。

冬のお手軽小皿

冬は寒く、生野菜よりも火を通した調理が増え、ビタミンが不足気味になりやすい時季。そこで、果実を使った小皿料理を食卓に加えてみてください。豊富なビタミンと鮮やかな色の、目にも嬉しい料理を紹介します。

りんごと柿と白菜の浅漬

【4人分】
りんご…1/2個
柿…1個
白菜…1/4株(約500g)
塩…小さじ1/2
A 昆布…5cm角
水…カップ1/2

1 白菜は、1.5cm幅に切り、塩をして15分おき、手でギュッと絞る。
2 りんごは皮付きのまま、柿は皮をむき、一口サイズの薄切りにする。
3 食品用保存袋に、1 2 Aを加えて馴染ませ、ひと晩おく。

＊お好みでポン酢をかけて。

柚子大根

【4人分】
大根…300g
柚子果汁…大さじ2
柚子皮…小1個分
砂糖…大さじ1
細切り昆布…少々

1 大根は皮をむき、1cm角の短冊切りにする。塩小さじ1(分量外)を馴染ませて揉み、水気を絞る。
2 柚子皮は薄くむいて、せん切りにする。柚子果汁と砂糖を合わせる。
3 全ての材料を合わせ、馴染ませ、ひと晩おく。

漬け果実のプロシュート巻き

【2人分】
漬けた果実…適量
（P58・59参照）
プロシュート…適量

1 サワードリンクや、果実酒で使った果実を、プロシュートで巻く。

＊❶さくらんぼのブランデー漬け❷りんごのサワー漬け❸レモンのサワー漬け❹ビワの焼酎漬け。
＊プロシュートとは、塩漬けした肉を長期熟成・乾燥させたもの。

金柑とかぶ和え

【2人分】
金柑…2個
かぶ…小1個
A EVオリーブオイル …大さじ2
白ワインビネガー …小さじ1/2
はちみつ…小さじ1
岩塩…少々

1 金柑はヘタを取り、横に4等分に切る。種を取り除く。
2 かぶは、皮をむき、くし切りにする。
3 1 2 Aを合わせて馴染ませる。器によそい、岩塩をパラリとふる。

小松菜とひじきとクランベリーの和え物

【4人分】
小松菜…1束
米ひじき…大さじ2
クランベリー…大さじ2
A 太白ごま油 …大さじ3
麺つゆ …大さじ2〜3

1 小松菜は、3cmに切る。
2 鍋に湯を沸かし、1を1分茹で、米ひじきを加え、さらに30秒茹で、ザルにあげて水気を切る。
＊ゆで汁には栄養が含まれるので、味噌汁など他の料理に活用できます。
3 ボウルに2とクランベリー、Aを加えて混ぜ合わせる。

【通年果実】

レモン

海老とブロッコリーとレモンのにんにく炒め

【2人分】

海老…4尾
ブロッコリー…1/2株
レモン…1個
にんにく大…1片
サラダ油…大さじ2
レモン果汁…大さじ2
塩こしょう…少々

1. 海老は、殻をむき、背ワタを取り除く。
2. ブロッコリーは綺麗に洗い、一口サイズに切り分け、たっぷりの湯で1分茹で、水気を切る。
3. レモンは、薄めの輪切りにし、さらに4等分に切り、種を取り除く。
4. フライパンにオイルを引き、薄切りにしたにんにくと1を加え、中火で焼く。海老の色が変わってきたら、2 3を加え、全体を馴染ませるように炒め、レモン果汁を回しかける。塩こしょうで味をととのえる。

塩レモン漁師鍋

【2人分】

鯛切り身…2切れ
アサリ…10粒
新玉ねぎ・セロリ…少々
A にんにく（潰したもの）…1片
　白ワイン…200㎖
　水…200㎖
B アンチョビ…1〜2切れ
　ケッパー…4粒
ミニトマト…6粒
レモン…1個
オリーブオイル…大さじ2

1 鯛切り身は、塩（分量外）を軽く全体に振り、10分ほどおき、水気を拭く。

2 フライパンを中火にかけ、オリーブオイルを引く。鯛の皮面を下にし、皮が反るうちは手で押さえながら、皮がパリッとするまで焼く。反対側も火入れし、別皿によける。

3 2に塩抜きしたアサリ、1㎝幅に切った玉ねぎとセロリ、Aを加え中火で加熱し、殻が開いたら、アサリをバットに移す。Bと鯛の身側を下にして加え、グツグツ煮立たせながら8分加熱する。アサリを戻し、ミニトマトを加え、ひと煮立ちさせる。

4 器によそい、レモン果汁を絞る。お好みで塩こしょう（分量外）をふる。

冬の過ごし方

全てのものの生命力が弱る冬であっても、青々とした葉を茂らせる常緑樹である柑橘の樹は、生命力の象徴とされ、縁起物として使われてきました。

橙（だいだい）は、お正月の飾りに使われます。通常、果実は完熟すると木から落ちるのですが、橙は完熟した後も木に残り、何代もの果実が同時に木になることもあるので「代々」、橙色から「代々」と呼ばれるようになったなど諸説あります。先祖代々栄えるよう、多くの人は、橙にあやかりたくなるのでしょう。

また、お正月に飾られる、ユニークな形をした柑橘「仏手柑《ブッシュカン》」も縁起物です。果実の先端が枝分かれしていて、仏様の手や、千手観音の手に見えることから、その様な名がつけられたとか。

果樹により冬の過ごし方はさまざまです。梅、桃、キウイ、梨、ぶどう、柿、りんごなどの果樹は、冬になると葉を落とし、休眠期に入ります。葉がなく枯れてしまったようにみえますが、翌春に芽吹くための花芽や葉芽が形成され、春の芽吹く時をじっと待っているのです。

そして、時季がきたら果実をつけ、虫、動物、人にも喜びを与えます。素晴らしいですね。

姉上様のようにお慕いしている女性が、年末からお正月にかけて、カサブランカの花を飾っていました。純白で大輪の花を咲かせる姿と、甘く芳しい香りが、気持ちまでも華やかに誘ってくれます。

水引をつけますと、新しい年を迎えるに相応しい装花にもなります。カサブランカには多くの花言葉がありますが、そのひとつが「壮大な美しさ」です。あやかりたいものですね。

＜使用花材＞
カサブランカ
ホワイトスター

果実のすすめ

「令和元年国民健康・栄養調査」によると、1日あたりの果実摂取量の平均は100.2gとなっています。また、果物摂取量100g未満者の割合は61.6%と先進国の中でも、断トツ最下位です。そこで農林水産省は、「毎日くだもの200グラム運動」を行っているほか、2025年度までに、1日あたりの果物摂取量100g未満の者の割合を30%以下とすることを新たに目標として設定しました。

果実は、脳卒中、糖尿病ほかさまざまな病気に対する予防効果が明らかになっています。そのため健康のためにも、果実を食べることが推奨されています。

地球規模で考えますと、果実の需要が高まれば、果樹が増え、地球環境にも良い影響が生まれます。果実を、野菜と同じように、皆が食べましたら、より良い循環となります。

大地からの恵みに感謝して、丁寧に調理し、季節に親しむことで、皆さまが健康で豊かでありますように。

最後までお読みいただき、感謝申し上げます。

沙和花拝

沙和花　Sawaka

一般社団法人 季の文化伝承協会 理事長
2006年より季節の料理と花を通し、和みや豊かさをもたらす暮らし方、伝統文化の継承や普及を目的に活動している。教室「沙和花」のほか、講演、企業へのレシピ提案、「中日新聞社・冊子レインボー」など、メディアへの掲載・寄稿も多数。沙和花教室参加者累計、17,000人以上。著書「にっぽんの四季食」は、料理本のアカデミー賞と称されるグルマン・アワーズ2023季節の食部門第1位。著書「にっぽんの子ども食」は、同賞2020デザイン部門第1位。「日本の行事食」は、同賞2018おもてなし部門第1位。両本共に、グルマン25周年BEST of the BEST受賞。グルマンサミット2019、アワーズ2021 les Cordeliers in Parisなど参加。また、パリ・ユネスコ本部やストックホルム・ノーベル博物館でのブックフェアにて紹介される。

にっぽんの果実食

前菜からデザートまで、季節を彩るレシピと食べ方

発行日　2024年10月11日　初版発行

著　者　沙和花《さわか》
発行人　早嶋　茂
制作者　井上久尚
発行所　株式会社旭屋出版
〒160-0005　東京都新宿区愛住町２３－２
ベルックス新宿ビルII　６階
郵便振替　00150-1-19572
電話　03-5369-6423（販売）
03-5369-6422（広告）
03-5369-6424（編集）
FAX　03-5369-6431（販売）

旭屋出版ホームページ　https://asahiya-jp.com
印刷・製本　TOPPANクロレ株式会社

ISBN978-4-7511-1529-9

協力
芦屋貴兆陶家
TSUBO-BUN　奥田章
日々のうつわ製作所　太田優子

Special Thanks to:
鈴木竹仁
ma_made 日高加江
田中彩
高村和子

STAFF

撮影　後藤弘行（旭屋出版）
イラスト　高橋杏里
AD・デザイン　久保多佳子（haruharu）
校正　石井敬之
企画・編集　haruharu